《溪发说税》系列丛书

溪发说税之增值税优惠篇

林溪发　编著

中国税务出版社

图书在版编目（CIP）数据

溪发说税之增值税优惠篇 / 林溪发编著 . -- 北京：中国税务出版社，2021.9

ISBN 978-7-5678-0740-2

Ⅰ . ①溪… Ⅱ . ①林… Ⅲ . ①增值税 – 税收优惠 – 税收政策 – 研究 – 中国 Ⅳ . ① F812.422

中国版本图书馆 CIP 数据核字（2021）第 193321 号

版权所有·侵权必究

书　　名：	溪发说税之增值税优惠篇
作　　者：	林溪发　编著
责任编辑：	范竹青
责任校对：	姚浩晴
技术设计：	刘冬珂
出版发行：	中国税务出版社
	北京市丰台区广安路 9 号国投财富广场 1 号楼 11 层
	邮政编码：100055
	http://www.taxation.cn
	E-mail：swcb@taxation.cn
	发行中心电话：（010）83362083/85/86
	传真：（010）83362047/48/49
经　　销：	各地新华书店
印　　刷：	北京天宇星印刷厂
规　　格：	787 毫米 ×1092 毫米　1/16
印　　张：	21
字　　数：	311000 字
版　　次：	2021 年 9 月第 1 版　2021 年 9 月第 1 次印刷
书　　号：	ISBN 978-7-5678-0740-2
定　　价：	59.00 元

如有印装错误　本社负责调换

前言

增值税作为我国第一大税种，涵盖了企业大部分的经济交易，其税收政策及相关的会计核算也较为复杂。近年来多项增值税减免税优惠政策落地实施，这些政策与企业息息相关，在给纳税人带来政策红利的同时，也对企业的财务核算和纳税申报工作提出了更高的要求。增值税优惠政策文件多、更新快，对财税工作者的学习带来较大的挑战。

为帮助广大纳税人和财税工作者快速准确理解、掌握和运用增值税优惠政策，我将零散的增值税优惠政策进行系统梳理，推出了《溪发说税之增值税优惠篇》，作为《溪发说税》系列丛书的第四本。

本书分为五篇，包括免税、不征税、退税、抵减和其他，共精选了纳税人及财税实务工作者在适用增值税优惠政策时遇到的189个问题，1个问题为1集，通过【提问】【林老师解答】【政策依据】【划重点 消痛点】【知识链接】等栏目，对优惠政策的应用加以分析，以具体的案例分析解答抽象的政策，便于读者消化吸收。

书中每个案例均附有二维码，读者可以通过微信扫描二维码，进入中国税务出版社知识服务平台观看相应的短视频。文字和视频相结合，能使相关财税知识学习起来更轻松。

"少而好学，如日出之阳；壮而好学，如日中之光；老而好学，如炳烛之明。"《师旷劝学》中的这句话,概括了终身学习的重要性。保持终身学习的姿态也是新时代宏观大局、中观变局、微观破局对财税工作者的要求,希望本书能帮助广大纳税人和财税工作者更好、更快地学习和掌握政策相关的各项要领,用好用足增值税优惠政策,迎来更多精彩!

林溪发

2021年9月

目 录

第一篇 免税篇

第一章 免税优惠行业 ········ 3

第一节 农、林、牧、渔业免税优惠 ········ 3

第1集 采取"公司+农户"经营模式销售畜禽取得的收入，可以免征增值税吗？ ········ 3

第2集 制种企业雇佣农户进行种子繁育再经深加工后销售种子取得的收入，可以免征增值税吗？ ········ 5

第3集 农民销售手工编织的竹芒藤柳混合坯具取得的收入，可以免征增值税吗？ ········ 7

第4集 农业生产者销售自产人工合成牛胚胎取得的收入，可以免征增值税吗？ ········ 8

第5集 销售退耕还林还草补助粮取得的收入，可以免征增值税吗？ ········ 9

第6集　农业合作社销售本社成员生产的农业产品，
　　　　可以免征增值税吗？ ……………………………………… 10

第7集　农膜销售收入可以免征增值税吗？ ………………………… 11

第8集　配合饲料销售收入可以免征增值税吗？ …………………… 12

第9集　精料补充料销售收入可以免征增值税吗？ ………………… 14

第10集　饲料级磷酸二氢钙产品销售收入，
　　　　可以免征增值税吗？ ……………………………………… 15

第11集　饲用鱼油销售收入可以免征增值税吗？ ………………… 16

第12集　矿物质微量元素舔砖销售收入可以免征增值税吗？ …… 17

第13集　氨化硝酸钙销售收入可以免征增值税吗？ ……………… 18

第14集　有机肥料销售收入可以免征增值税吗？ ………………… 19

第15集　手扶拖拉机底盘销售收入可以免征增值税吗？ ………… 20

第16集　农产品批发企业销售鲜活蛋产品收入，
　　　　可以免征增值税吗？ ……………………………………… 21

第17集　蔬菜批发企业销售蔬菜收入，
　　　　可以免征增值税吗？ ……………………………………… 22

第18集　滴灌带和滴灌管产品销售收入可以免征增值税吗？ …… 23

第19集　农业机耕服务收入可以免征增值税吗？ ………………… 25

第20集　企业将国有农用地出租给农户用于农业生产而取得的
　　　　租金收入，可以免征增值税吗？ ………………………… 26

第21集　企业将土地使用权转让给农业合作社用于农业生产
　　　　而取得的转让收入，可以免征增值税吗？ ……………… 27

第22集　企业将承包地转让给农业合作社用于农业生产
　　　　而取得的转让收入，可以免征增值税吗？ ……………… 28

第二节　医疗、教育业免税优惠 …………………………………… 29

第23集　医疗服务收入可以免征增值税吗？ ……………………… 29

第24集　非营利性医疗机构取得与医疗服务有关的
　　　　提供药品收入，可以免征增值税吗？ …………………… 31

第25集　非营利性医疗机构取得房租收入，
　　　　可以免征增值税吗？……………………………………… 32

第26集　非营利性医疗机构自产自用的制剂，
　　　　可以免征增值税吗？……………………………………… 33

第27集　营利性医疗机构自产自用的制剂，
　　　　可以免征增值税吗？……………………………………… 34

第28集　医疗机构药房分离为独立的药品零售企业后
　　　　取得的收入，可以免征增值税吗？…………………… 35

第29集　疾病控制机构取得的疫苗接种服务收入，
　　　　可以免征增值税吗？……………………………………… 37

第30集　动物诊疗服务收入可以免征增值税吗？……………… 38

第31集　国产抗艾滋病病毒药品销售收入，
　　　　可以免征增值税吗？……………………………………… 39

第32集　从事学历教育的学校提供教育服务取得的收入，
　　　　可以免征增值税吗？……………………………………… 41

第33集　幼儿园提供保育和教育服务取得的收入，
　　　　可以免征增值税吗？……………………………………… 43

第34集　校办企业将生产的应税货物用于本校教学、
　　　　科研活动，可以免征增值税吗？……………………… 45

第35集　高校学生公寓住宿费收入，可以免征增值税吗？……… 46

第36集　高校学生食堂为高校师生提供餐饮服务取得的收入，
　　　　可以免征增值税吗？……………………………………… 47

第37集　学校举办培训班的收入可以免征增值税吗？………… 48

第38集　职业学校提供实习场所的自办、自营企业取得的
　　　　软件开发服务收入，可以免征增值税吗？…………… 49

第三节　文化、体育业免税优惠 ………………………………… 51

第39集　电影发行收入可以免征增值税吗？…………………… 51

第40集　有线数字电视基本收视维护费收入可以免征增值税吗？…… 52

3

第41集　组织举办文化活动的第一道门票收入，
　　　　可以免征增值税吗？ ··· 53

第42集　举办宗教活动的门票收入可以免征增值税吗？ ············· 55

第43集　科普单位的门票收入可以免征增值税吗？ ···················· 56

第44集　图书批发收入可以免征增值税吗？ ······························ 57

第四节　生活服务业免税优惠 ··· 58

第45集　家政服务企业员工制家政服务员的服务收入，
　　　　可以免征增值税吗？ ··· 58

第46集　养老机构取得的养老服务收入，可以免征增值税吗？ ······ 60

第47集　社区养老服务收入可以免征增值税吗？ ······················· 61

第48集　育养服务收入可以免征增值税吗？ ······························ 63

第49集　婚姻介绍服务收入可以免征增值税吗？ ······················· 64

第50集　殡葬服务收入可以免征增值税吗？ ······························ 65

第五节　现代服务业免税优惠 ··· 66

第51集　合同能源管理服务收入可以免征增值税吗？ ················· 66

第52集　国际货物运输代理服务收入可以免征增值税吗？ ·········· 67

第53集　公租房租金收入可以免征增值税吗？ ·························· 68

第六节　金融、保险业免税优惠 ··· 70

第54集　银行取得的小微企业贷款利息收入，
　　　　可以免征增值税吗？ ··· 70

第55集　自结息日起90天后发生的应收未收利息，
　　　　需要缴纳增值税吗？ ··· 73

第56集　国家助学贷款利息收入可以免征增值税吗？ ················· 74

第57集　人民银行对商业银行贷款取得的利息收入，
　　　　可以免征增值税吗？ ··· 75

第58集　被撤销的财务公司以办公楼清偿债务，
　　　　可以免征增值税吗？ ··· 77

第59集 一年期以上返还性人身保险产品，在保险监管部门
出具备案回执前依法取得的保费收入，
可以免征增值税吗？ ………………………………… 78

第七节 制造业及批发、零售业免税优惠 …………………… 81

第60集 边销茶生产企业销售自产的边销茶，
可以免征增值税吗？ ………………………………… 81

第61集 实施合同能源管理项目的转让应税货物，
可以免征增值税吗？ ………………………………… 84

第62集 黄金销售收入可以免征增值税吗？ ………………… 86

第63集 销售含有伴生金的货物，可以申请伴生金
免征增值税吗？ ……………………………………… 87

第八节 其他行业免税优惠 …………………………………… 89

第64集 自来水厂受主管部门委托随水费收取的污水处理费，
可以免征增值税吗？ ………………………………… 89

第65集 供电企业在收取电价时一并向用户收取的
农村电网维护费，可以免征增值税吗？ …………… 90

第66集 向农村居民供水取得的收入可以免征增值税吗？ … 91

第67集 动漫软件出口收入可以免征增值税吗？ …………… 93

第68集 军队空余房产租赁收入可以免征增值税吗？ ……… 96

第69集 军队系统内部销售特定物资，可以免征增值税吗？ … 97

第70集 军队内部调拨供应物资，可以免征增值税吗？ …… 98

第71集 军需工厂之间为生产军品而互相协作的产品，
可以免征增值税吗？ ………………………………… 99

第72集 公安、司法部门所属单位销售内部使用产品，
可以免征增值税吗？ ………………………………… 100

5

第二章　免税优惠项目 ······ 102

第一节　免税销售无形资产 ······ 102

第73集　个人转让著作权取得的收入，可以免征增值税吗？ ······ 102

第74集　专利技术转让收入可以免征增值税吗？ ······ 103

第75集　出让土地使用权可以免征增值税吗？ ······ 104

第76集　出让海域使用权可以免征增值税吗？ ······ 105

第二节　免税销售不动产 ······ 107

第77集　个人将购买2年以上的住房转让所取得的收入，可以免征增值税吗？ ······ 107

第78集　个人销售自建自用住房取得的收入，可以免征增值税吗？ ······ 108

第79集　继承房产可以免征增值税吗？ ······ 109

第80集　房改售房收入可以免征增值税吗？ ······ 110

第81集　企业取得被征收的土地及其相关房产、附属设施收购补偿款，可以免征增值税吗？ ······ 111

第三节　免税的股票转让收入、彩票发行收入 ······ 113

第82集　个人买卖股票收入可以免征增值税吗？ ······ 113

第83集　福利彩票发行收入可以免征增值税吗？ ······ 115

第四节　安置随军家属、军队转业干部的免税优惠 ······ 116

第84集　安置随军家属就业的企业提供应税服务取得的收入，可以免征增值税吗？ ······ 116

第85集　安置自主择业的军队转业干部就业的企业提供应税服务取得的收入，可以免征增值税吗？ ······ 118

第五节　免税的利息补贴收入、资金无偿借贷行为 …………… 120

 第86集　国家商品储备管理单位取得的利息补贴收入，

    可以免征增值税吗？ ………………………………… 120

 第87集　资金无偿借贷行为可以免征增值税吗？ ………… 121

第六节　免税的勤工俭学收入、残疾人取得收入 …………… 123

 第88集　学生勤工俭学取得的服务收入，

    可以免征增值税吗？ ………………………………… 123

 第89集　残疾人为社会提供服务取得的收入，

    可以免征增值税吗？ ………………………………… 124

 第90集　残疾人提供加工、修理修配劳务取得的收入，

    可以免征增值税吗？ ………………………………… 125

第七节　免税的行政事业性收费收入、会费收入 …………… 126

 第91集　行政事业性收费收入，可以免征增值税吗？ ………… 126

 第92集　社会团体收取的会费，可以免征增值税吗？ ………… 128

第八节　免税的跨境收入、涉外项目收入 …………………… 130

 第93集　工程项目在境外的建筑服务取得的收入，

    可以免征增值税吗？ ………………………………… 130

 第94集　为出口货物提供收派服务取得的收入，

    可以免征增值税吗？ ………………………………… 131

 第95集　为境外客户提供法律咨询服务取得的收入，

    可以免征增值税吗？ ………………………………… 132

 第96集　以无运输工具承运方式提供国际运输服务取得的收入，

    可以免征增值税吗？ ………………………………… 134

 第97集　为境外单位之间的货币资金融通提供直接收费

    金融服务取得的收入，可以免征增值税吗？ ………… 135

第98集 外国政府无偿援助项目在华采购物资，
可以免征增值税吗？ …………………………… 136

第九节 免税扶贫货物捐赠 ……………………………………… 138

第99集 将自产货物无偿捐赠给目标脱贫地区的个人，
可以免征增值税吗？ …………………………… 138

第十节 新冠肺炎疫情防控免税优惠 …………………………… 140

第100集 新冠肺炎疫情防控期间取得的电影放映服务收入，
可以免征增值税吗？ …………………………… 140

第101集 运输新冠肺炎疫情防控重点保障物资取得的收入，
可以免征增值税吗？ …………………………… 141

第102集 新冠肺炎疫情防控期间提供旅游服务取得的收入，
可以免征增值税吗？ …………………………… 143

第103集 企业将购买的货物无偿捐赠用于应对新冠肺炎疫情，
可以免征增值税吗？ …………………………… 145

第三章 小规模纳税人减免增值税优惠 …………………… 147

第一节 免征增值税的销售额 …………………………………… 147

第104集 按月纳税的增值税小规模纳税人月销售额
未超过15万元，可以免征增值税吗？ ………… 147

第105集 按季纳税的增值税小规模纳税人季销售额
未超过45万元，可以免征增值税吗？ ………… 149

第二节 免征增值税的特殊情形 ………………………………… 151

第106集 小规模纳税人免征增值税的销售额，可以扣除
销售不动产的销售额吗？ ……………………… 151

第107集　适用增值税差额征税政策的小规模纳税人差额后的
　　　　　销售额，可以享受免征增值税政策吗？⋯⋯⋯⋯⋯ 152

第108集　采取一次性收取租金形式出租不动产取得的
　　　　　租金收入，可以免征增值税吗？⋯⋯⋯⋯⋯⋯⋯ 153

第三节　征收率优惠 ⋯⋯⋯⋯⋯⋯⋯⋯⋯⋯⋯⋯⋯⋯⋯ 155

第109集　小规模纳税人在新冠肺炎疫情防控期间
　　　　　可以享受减免增值税优惠吗？⋯⋯⋯⋯⋯⋯⋯⋯ 155

第二篇　不征税篇

第四章　不征税收入 ⋯⋯⋯⋯⋯⋯⋯⋯⋯⋯⋯⋯⋯ 159

第一节　财政补贴收入 ⋯⋯⋯⋯⋯⋯⋯⋯⋯⋯⋯⋯⋯⋯ 159

第110集　取得服务外包发展扶持资金收入，
　　　　　需要缴纳增值税吗？⋯⋯⋯⋯⋯⋯⋯⋯⋯⋯⋯ 159

第111集　取得办公用房补助收入，需要缴纳增值税吗？⋯⋯ 160

第112集　取得重大科技项目扶持资金收入，
　　　　　需要缴纳增值税吗？⋯⋯⋯⋯⋯⋯⋯⋯⋯⋯⋯ 161

第113集　燃油电厂取得发电补贴收入，需要缴纳增值税吗？⋯ 162

第二节　体育彩票发行收入 ⋯⋯⋯⋯⋯⋯⋯⋯⋯⋯⋯⋯ 163

第114集　体育彩票发行收入，需要缴纳增值税吗？⋯⋯⋯ 163

第三节　融资性售后回租业务中承租方出售资产 ⋯⋯⋯⋯ 164

第115集　融资性售后回租业务中承租方出售资产，
　　　　　需要缴纳增值税吗？⋯⋯⋯⋯⋯⋯⋯⋯⋯⋯⋯ 164

第四节　自采地下水用于生产 …………………………………… 166

 第116集　工厂自采地下水用于生产，需要缴纳增值税吗？ …… 166

第五节　工本费收入 ……………………………………………… 167

 第117集　国家管理部门发放牌照取得的工本费收入，
     需要缴纳增值税吗？ ……………………………… 167

第六节　受托代理销售二手车 …………………………………… 168

 第118集　受托代理销售二手车，需要缴纳增值税吗？ ……… 168

第七节　无偿提供铁路运输服务 ………………………………… 170

 第119集　无偿提供铁路运输服务，需要缴纳增值税吗？ …… 170

第八节　存款利息收入 …………………………………………… 172

 第120集　存款利息收入需要缴纳增值税吗？ ………………… 172

第九节　保险赔付收入 …………………………………………… 173

 第121集　被保险人获得的保险赔付收入，
     需要缴纳增值税吗？ ……………………………… 173

第十节　住宅专项维修资金 ……………………………………… 175

 第122集　代收住宅专项维修资金，需要缴纳增值税吗？ …… 175

第十一节　资产重组过程中涉及的不动产、土地使用权转让 …… 177

 第123集　资产重组过程中涉及的不动产、土地使用权转让，
     需要缴纳增值税吗？ ……………………………… 177

第三篇　退税篇

第五章　即征即退 ································· 181

第一节　软件产品即征即退 ································· 181

第124集　销售自行开发生产的软件产品，可以享受增值税
即征即退优惠政策吗？ ································· 181

第125集　将进口软件产品进行本地化改造后对外销售，
可以享受增值税即征即退优惠政策吗？ ················ 185

第126集　销售自主开发生产的动漫软件，可以享受增值税
即征即退优惠政策吗？ ································· 186

第二节　管道运输服务即征即退 ································· 189

第127集　提供管道运输服务，可以享受增值税即征即退
优惠政策吗？ ································· 189

第三节　有形动产融资租赁服务即征即退 ················ 191

第128集　提供有形动产融资租赁服务，可以享受增值税
即征即退优惠政策吗？ ································· 191

第四节　飞机维修劳务即征即退 ································· 193

第129集　飞机维修劳务可以享受增值税即征即退
优惠政策吗？ ································· 193

第五节　安置残疾人即征即退 ································· 194

第130集　安置残疾人，可以享受增值税即征即退
优惠政策吗？ ································· 194

第六节　资源综合利用即征即退 ………………………… 197
　第131集　销售自产的资源综合利用产品，可以享受增值税
　　　　　即征即退优惠政策吗？ ……………………… 197

第七节　新型墙体材料即征即退 …………………………… 200
　第132集　销售自产的新型墙体材料，可以享受增值税
　　　　　即征即退优惠政策吗？ ……………………… 200

第八节　利用风力生产的电力产品即征即退 ……………… 202
　第133集　销售自产的利用风力生产的电力产品，可以享受增值税
　　　　　即征即退优惠政策吗？ ……………………… 202

第九节　黄金、铂金即征即退 ……………………………… 203
　第134集　黄金期货交易，可以享受增值税即征即退
　　　　　优惠政策吗？ …………………………………… 203
　第135集　销售自产的铂金，可以享受增值税即征即退
　　　　　优惠政策吗？ …………………………………… 204

第六章　先征后退 …………………………………… 206

第一节　出版物先征后退 …………………………………… 206
　第136集　专为少年儿童出版发行的出版物，可以享受增值税
　　　　　先征后退优惠政策吗？ ……………………… 206
　第137集　少数民族文字出版物的印刷业务，可以享受增值税
　　　　　先征后退优惠政策吗？ ……………………… 210
　第138集　经济类报纸可以享受增值税先征后退
　　　　　优惠政策吗？ …………………………………… 213
　第139集　已按软件产品享受增值税退税政策的电子出版物，
　　　　　可以享受增值税先征后退优惠政策吗？ ……… 215

第二节　核力发电企业先征后退 …………………… 216

 第140集　核力发电企业生产销售电力产品，可以享受增值税
    先征后退优惠政策吗？ ……………………………… 216

第三节　抽采销售煤层气先征后退 …………………… 218

 第141集　抽采销售煤层气取得的收入，可以享受增值税
    先征后退优惠政策吗？ ……………………………… 218

第七章　出口退（免）税 …………………… 220

第一节　增值税退（免）税办法 …………………… 220

 第142集　生产企业出口自产的货物，适用何种增值税
    退（免）税办法？ …………………………………… 220

 第143集　外贸企业出口购进的货物，适用何种增值税
    退（免）税办法？ …………………………………… 222

第二节　出口退税率 …………………… 224

 第144集　生产企业出口自产的货物，增值税出口退税率
    应如何确定？ ………………………………………… 224

 第145集　外贸企业出口货物，增值税出口退税率
    应如何确定？ ………………………………………… 226

 第146集　委托加工发生的修理修配费用，增值税出口退税率
    应如何确定？ ………………………………………… 227

 第147集　未能分开报关、核算不同退税率的货物，
    增值税出口退税率应如何确定？ …………………… 229

第三节　增值税退（免）税的计税依据 …………………… 231

 第148集　生产企业出口自产货物，增值税退（免）税的
    计税依据应如何确定？ ……………………………… 231

第149集　生产企业进料加工复出口货物，增值税退（免）税的

计税依据应如何确定？ ………………………………… 232

第150集　生产企业国内购进免税原材料加工后出口的货物，

增值税退（免）税的计税依据应如何确定？ ………… 234

第151集　外贸企业出口货物，增值税退（免）税的

计税依据应如何确定？ ………………………………… 235

第152集　外贸企业出口委托加工修理修配货物，

增值税退（免）税的计税依据应如何确定？ ………… 237

第四节　出口退税额的计算 ……………………………………… 240

第153集　生产企业出口自产货物，增值税免抵退税

应如何计算？ …………………………………………… 240

第154集　进料加工贸易方式出口货物，增值税免抵退税

应如何计算？ …………………………………………… 243

第155集　外贸企业出口货物，增值税应退税额

应如何计算？ …………………………………………… 246

第156集　外贸企业出口委托加工修理修配货物，

增值税应退税额应如何计算？ ………………………… 247

第157集　出口货物退税率低于适用税率，相应计算出的

差额部分的税款可以计入出口货物成本吗？ ………… 249

第五节　出口退税的申报 ………………………………………… 250

第158集　生产企业出口货物，应在何时办理增值税纳税申报、

免抵退税相关申报？ …………………………………… 250

第159集　外贸企业出口货物，应在何时办理增值税

纳税申报？ ……………………………………………… 251

第160集　出口企业超过规定期限收汇，收汇后可以

申报办理退（免）税吗？ ……………………………… 252

第八章　留抵退税 ⋯⋯ 255

第一节　增量留抵税额的计算 ⋯⋯ 255

第161集　增量留抵税额应如何计算确定？ ⋯⋯ 255

第二节　一般企业增量留抵退税 ⋯⋯ 257

第162集　一般企业增量留抵退税条件是什么？ ⋯⋯ 257

第163集　一般企业允许退还的增量留抵税额应如何计算确定？ ⋯⋯ 259

第三节　先进制造业企业增量留抵退税 ⋯⋯ 261

第164集　先进制造业企业增量留抵退税条件是什么？ ⋯⋯ 261

第165集　先进制造业企业当期允许退还的增量留抵税额应如何计算确定？ ⋯⋯ 263

第四节　疫情防控重点保障物资生产企业增量留抵退税 ⋯⋯ 265

第166集　新冠肺炎疫情防控重点保障物资生产企业，可以按月申请全额退还增值税增量留抵税额吗？ ⋯⋯ 265

第五节　进项构成比例的计算 ⋯⋯ 268

第167集　在计算进项构成比例时，按规定转出的进项税额需要从已抵扣的增值税额中扣减吗？ ⋯⋯ 268

第六节　生产销售新支线飞机留抵退税 ⋯⋯ 270

第168集　生产销售新支线飞机而形成的增值税期末留抵税额可以退还吗？ ⋯⋯ 270

第九章　研发设备退还增值税 ·· 273

第一节　内资研发机构采购国产设备退还增值税 ················· 273

第169集　内资研发机构采购国产设备，可以退还增值税吗？ ······ 273

第二节　外资研发中心采购国产设备退还增值税 ················· 277

第170集　外资研发中心采购国产设备，可以退还增值税吗？ ······ 277

第四篇　抵减篇

第十章　加计抵减 ··· 281

第一节　加计抵减10% ··· 281

第171集　现代服务业纳税人可以按照当期可抵扣进项税额
加计10%抵减应纳税额吗？ ································· 281

第二节　加计抵减15% ··· 284

第172集　生活服务业纳税人可以按照当期可抵扣进项税额
加计15%抵减应纳税额吗？ ································· 284

第三节　不适用加计抵减政策的情形 ······································ 288

第173集　纳税人出口货物可以适用加计抵减政策吗？ ············ 288

第四节　适用加计抵减政策的"销售额" ······························· 289

第174集　免税收入需要计入适用加计抵减政策的
"销售额"吗？ ·· 289

第十一章　扣减增值税 …… 292

第一节　支持重点群体创业就业 …… 292

第175集　企业招用建档立卡贫困人口，可以享受税收优惠政策吗？ …… 292

第二节　扶持自主就业退役士兵创业就业 …… 295

第176集　自主就业退役士兵从事个体经营，可以享受税收优惠政策吗？ …… 295

第177集　企业招用自主就业退役士兵，可以享受税收优惠政策吗？ …… 297

第五篇　其他

第十二章　电子专用发票 …… 301

第一节　开具电子专用发票的纳税人 …… 301

第178集　一般纳税人采购商品，可以取得新办纳税人开具的电子专用发票吗？ …… 301

第179集　新办纳税人开具增值税专用发票时，可以选择开具纸质专用发票吗？ …… 302

第180集　受票方向新办纳税人索取纸质专用发票时，开票方可以拒绝吗？ …… 303

第二节　电子专用发票的法律效力 …… 305

第181集　电子专用发票需要加盖发票专用章吗？ …… 305

第182集 增值税电子专用发票的法律效力和纸质
专用发票一样吗？ …………………………… 306

第三节 电子专用发票的开具要求 ……………………… 307

第183集 新办纳税人可以免费领取税务UKey吗？ ………… 307

第184集 新办纳税人可以免费开具电子专用发票吗？ ……… 308

第185集 新办纳税人领取的税务UKey，除开具电子
专用发票之外，还可以开具其他发票吗？ ………… 309

第186集 新办纳税人开具红字电子专用发票时，购买方
已将电子专用发票用于申报抵扣的，购买方
需要填写相对应的蓝字电子专用发票信息吗？ …… 309

第187集 新办纳税人开具红字电子专用发票时，购买方
未将电子专用发票用于申报抵扣的，销售方
需要填写相对应的蓝字电子专用发票信息吗？ …… 310

第四节 电子专用发票的归档 …………………………… 312

第188集 企业将取得的电子专用发票的纸质打印件
报销入账归档，需要同时保存打印该纸质件的
电子专用发票吗？ …………………………… 312

第189集 企业将取得的电子专用发票报销入账归档，
需要再以纸质形式保存该电子专用发票吗？ ……… 313

第一篇　免税篇

第一章 免税优惠行业

第一节 农、林、牧、渔业免税优惠

第1集 采取"公司+农户"经营模式销售畜禽取得的收入，可以免征增值税吗？

扫码看视频

A 公司于 2020 年 6 月与农户签订委托养殖合同，向农户提供畜禽苗、饲料、兽药及疫苗等（所有权属于该公司），农户饲养畜禽苗至成品后交付该公司回收，该公司于 2021 年 5 月将回收的成品畜禽用于销售，取得销售收入 400 万元。

提问：林老师，A 公司回收再销售畜禽取得的收入，可以免征增值税吗？

林老师解答

可以。

政策依据

国家税务总局关于纳税人采取"公司+农户"经营模式销售畜禽有关增值税问题的公告

2013 年 2 月 6 日　国家税务总局公告 2013 年第 8 号

目前，一些纳税人采取"公司+农户"经营模式从事畜禽饲养，即公司与农户签订委托养殖合同，向农户提供畜禽苗、饲料、兽药及疫苗等（所有权属于公司），农户饲养畜禽苗至成品后交付公司回收，公司

3

将回收的成品畜禽用于销售。

在上述经营模式下，纳税人回收再销售畜禽，属于农业生产者销售自产农产品，应根据《中华人民共和国增值税暂行条例》的有关规定免征增值税。

本公告中的畜禽是指属于《财政部　国家税务总局关于印发〈农业产品征税范围注释〉的通知》（财税字〔1995〕52号）文件中规定的农业产品。

财政部　国家税务总局
关于印发《农业产品征税范围注释》的通知

1995年6月15日　财税字〔1995〕52号

附件：农业产品征税范围注释

二、动物类

动物类包括人工养殖和天然生长的各种动物的初级产品。具体征税范围为：

……

（二）畜牧产品

畜牧产品是指人工饲养、繁殖取得和捕获的各种畜禽。本货物的征税范围包括：

1. 兽类、禽类和爬行类动物，如牛、马、猪、羊、鸡、鸭等。

划重点　消痛点

本案例中，A公司享受免征增值税优惠政策，应具备以下四个条件：

（1）该公司与农户签订委托养殖合同，向农户提供畜禽苗、饲料、兽药及疫苗等（所有权属于该公司）；

（2）农户饲养畜禽苗至成品后交付该公司回收；

（3）该公司将回收的成品畜禽用于销售；

第一章　免税优惠行业

（4）上述畜禽属于《财政部　国家税务总局关于印发〈农业产品征税范围注释〉的通知》（财税字〔1995〕52号）中规定的农业产品。

知识链接

《中华人民共和国增值税暂行条例》规定的免征增值税项目有哪些？

根据《中华人民共和国增值税暂行条例》（中华人民共和国国务院令第691号）第十五条规定，下列项目免征增值税：

（一）农业生产者销售的自产农产品；

（二）避孕药品和用具；

（三）古旧图书；

（四）直接用于科学研究、科学试验和教学的进口仪器、设备；

（五）外国政府、国际组织无偿援助的进口物资和设备；

（六）由残疾人的组织直接进口供残疾人专用的物品；

（七）销售的自己使用过的物品。

第2集　制种企业雇佣农户进行种子繁育再经深加工后销售种子取得的收入，可以免征增值税吗？

扫码看视频

B公司是一家制种企业，2021年6月利用自有土地，雇佣农户进行种子繁育，再经烘干等深加工后销售种子，取得销售收入50万元。

提问：林老师，B公司取得的销售种子收入，可以免征增值税吗？

林老师解答

可以。

TAX 政策依据

国家税务总局关于制种行业增值税有关问题的公告

2010年10月25日　国家税务总局公告2010年第17号

制种企业在下列生产经营模式下生产销售种子，属于农业生产者销售自产农业产品，应根据《中华人民共和国增值税暂行条例》有关规定免征增值税。

一、制种企业利用自有土地或承租土地，雇佣农户或雇工进行种子繁育，再经烘干、脱粒、风筛等深加工后销售种子。

划重点　消痛点

本案例中，假定B公司2021年7月提供亲本种子委托农户繁育并从农户手中收回，再经烘干、脱粒、风筛等深加工后销售种子，取得销售收入60万元，可以免征增值税吗？

可以！

第一章 免税优惠行业

第3集 农民销售手工编织的竹芒藤柳混合坯具取得的收入，可以免征增值税吗？

林先生是个农民，2021年6月按照竹器企业提供的样品规格，购买竹、芒、藤、木条等原材料，通过手工简单编织成竹芒藤柳混合坯具后销售给该竹器企业，取得收入2万元。

提问：林老师，林先生取得的该项收入，可以免征增值税吗？

林老师解答

可以。

政策依据

国家税务总局关于农户手工编织的竹制和竹芒藤柳坯具征收增值税问题的批复

2005年1月18日　国税函〔2005〕56号

对于农民个人按照竹器企业提供样品规格，自产或购买竹、芒、藤、木条等，再通过手工简单编织成竹制或竹芒藤柳混合坯具的，属于自产农业初级产品，应当免征销售环节增值税。

划重点　消痛点

本案例中，假定甲公司为收购坯具的竹器企业，则其向林先生收购坯具，可以凭开具的农产品收购凭证计算抵扣进项税额。

溪发说税之增值税优惠篇

扫码看视频

第4集 农业生产者销售自产人工合成牛胚胎取得的收入，可以免征增值税吗？

李先生是农业生产者，2021年6月销售自产人工合成牛胚胎，取得收入12万元。

提问：林老师，李先生销售自产人工合成牛胚胎取得的收入，可以免征增值税吗？

林老师解答

可以。

TAX 政策依据

国家税务总局关于人工合成牛胚胎适用增值税税率问题的通知

2010年3月4日　国税函〔2010〕97号

人工合成牛胚胎属于《农业产品征税范围注释》（财税字〔1995〕52号）第二条第（五）款规定的动物类"其他动物组织"，人工合成牛胚胎的生产过程属于农业生产，纳税人销售自产人工合成牛胚胎应免征增值税。

划重点　消痛点

本案例中，假定李先生2021年7月向其他农户收购人工合成牛胚胎，然后将收购的人工合成牛胚胎销售，取得销售收入50万元，可以免征增

8

值税吗？

不可以！

李先生销售人工合成牛胚胎不是其自产的，取得的收入应按规定计算缴纳增值税。

第 5 集 销售退耕还林还草补助粮取得的收入，可以免征增值税吗？

C县粮食部门经营退耕还林还草补助粮，符合国家规定的标准。

提问：林老师，C县粮食部门经营退耕还林还草补助粮取得的收入，可以免征增值税吗？

林老师解答

可以。

政策依据

国家税务总局关于退耕还林还草补助粮免征增值税问题的通知

2001年11月26日　国税发〔2001〕131号

按照国务院规定，退耕还林还草试点工作实行"退耕还林、封山绿化、以粮代赈、个体承包"的方针，对退耕户根据退耕面积由国家无偿提供粮食补助。因此，对粮食部门经营的退耕还林还草补助粮，凡符合国家规定标准的，比照"救灾救济粮"免征增值税。

溪发说税之增值税优惠篇

划重点　消痛点

本案例中，假定 C 县粮食部门经营退耕还林还草补助粮不符合国家规定的标准，则取得的收入不可以免征增值税。

第 6 集
农业合作社销售本社成员生产的农业产品，可以免征增值税吗？

扫码看视频

D 农业合作社是一家依照《中华人民共和国农民专业合作社法》（中华人民共和国主席令第五十七号）规定设立和登记的农民专业合作社，2021 年 6 月销售本社成员生产的农业产品，取得销售收入 50 万元。

提问：林老师，D 农业合作社取得的该项销售收入，可以免征增值税吗？

林老师解答

可以。

政策依据

财政部　国家税务总局
关于农民专业合作社有关税收政策的通知

2008 年 6 月 24 日　财税〔2008〕81 号

一、对农民专业合作社销售本社成员生产的农业产品，视同农业生产者销售自产农业产品免征增值税。

第一章 免税优惠行业

划重点　消痛点

本案例中，假定 D 农业合作社 2021 年 7 月向本社成员销售农膜、种子、种苗、化肥、农药、农机，取得销售收入 80 万元，可以免征增值税吗？

可以！

知识链接

什么是农民专业合作社？

根据《中华人民共和国农民专业合作社法》第二条规定，农民专业合作社是在农村家庭承包经营基础上，同类农产品的生产经营者或者同类农业生产经营服务的提供者、利用者，自愿联合、民主管理的互助性经济组织；农民专业合作社以其成员为主要服务对象，提供农业生产资料的购买，农产品的销售、加工、运输、贮藏以及与农业生产经营有关的技术、信息等服务。

第 7 集

农膜销售收入可以免征增值税吗？

扫码看视频

E 公司是一家农膜生产企业，2021 年 6 月销售农膜，取得销售收入 15 万元。

提问：林老师，E 公司取得的该项销售收入，可以免征增值税吗？

11

林老师解答

可以。

TAX 政策依据

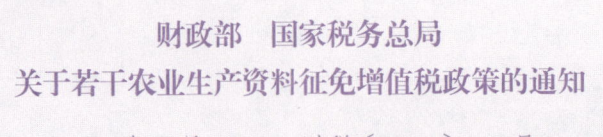

财政部　国家税务总局
关于若干农业生产资料征免增值税政策的通知

2001年7月20日　财税〔2001〕113号

一、下列货物免征增值税：
1. 农膜。

第8集

配合饲料销售收入可以免征增值税吗？

F公司是一家配合饲料生产企业，所生产的配合饲料是根据不同的饲养对象，饲养对象的不同生长发育阶段的营养需要，将多种饲料原料按饲料配方经工业生产后，形成的能满足饲养动物全部营养需要（除水分外）的饲料。

F公司2021年6月销售配合饲料，取得销售收入150万元。

提问：林老师，F公司取得的该项销售收入，可以免征增值税吗？

第一章 免税优惠行业

林老师解答

可以。

TAX 政策依据

财政部 国家税务总局
关于饲料产品免征增值税问题的通知

2001年7月12日 财税〔2001〕121号

一、免税饲料产品范围包括：

……

（三）配合饲料。指根据不同的饲养对象，饲养对象的不同生长发育阶段的营养需要，将多种饲料原料按饲料配方经工业生产后，形成的能满足饲养动物全部营养需要（除水分外）的饲料。

划重点 消痛点

根据财税〔2001〕121号文件第一条的规定，享受免征增值税优惠政策的饲料产品除了本案例中的配合饲料之外，还包括以下饲料产品：

1. 单一大宗饲料。指以一种动物、植物、微生物或矿物质为来源的产品或其副产品。其范围仅限于糠麸、酒糟、鱼粉、草饲料、饲料级磷酸氢钙及除豆粕以外的菜子粕、棉子粕、向日葵粕、花生粕等粕类产品。

2. 混合饲料。指由两种以上单一大宗饲料、粮食、粮食副产品及饲料添加剂按照一定比例配置，其中单一大宗饲料、粮食及粮食副产品的参兑比例不低于95%的饲料。

3. 复合预混料。指能够按照国家有关饲料产品的标准要求量，全面提供动物饲养相应阶段所需微量元素（4种或以上）、维生素（8种或以上），由微量元素、维生素、氨基酸和非营养性添加剂中任何两类或两类以上的

13

组分与载体或稀释剂按一定比例配置的均匀混合物。

4.浓缩饲料。指由蛋白质、复合预混料及矿物质等按一定比例配制的均匀混合物。

第9集 精料补充料销售收入可以免征增值税吗？

G公司是一家精料补充料生产企业，所生产的精料补充料是为补充草食动物的营养，将多种饲料和饲料添加剂按照一定比例配制的饲料。

G公司2021年6月销售精料补充料，取得销售收入200万元。

提问：林老师，G公司取得的该项销售收入，可以免征增值税吗？

林老师解答

可以。

政策依据

国家税务总局关于精料补充料免征增值税问题的公告

2013年8月7日　国家税务总局公告2013年第46号

精料补充料属于《财政部　国家税务总局关于饲料产品免征增值税问题的通知》（财税〔2001〕121号，以下简称"通知"）文件中"配合饲料"范畴，可按照该通知及相关规定免征增值税。

精料补充料是指为补充草食动物的营养，将多种饲料和饲料添加剂按照一定比例配制的饲料。

第一章 免税优惠行业

第 10 集
饲料级磷酸二氢钙产品销售收入，可以免征增值税吗？

H 公司是一家饲料级磷酸二氢钙产品生产企业，所生产的饲料级磷酸二氢钙产品用于水产品饲养、补充水产品所需的钙、磷等微量元素，与饲料级磷酸氢钙产品的生产用料、工艺等基本相同。

H 公司 2021 年 6 月销售饲料级磷酸二氢钙产品，取得销售收入 100 万元。

提问：林老师，H 公司取得的该项销售收入，可以免征增值税吗？

林老师解答

可以。

政策依据

国家税务总局关于饲料级磷酸二氢钙产品
增值税政策问题的通知

2007 年 1 月 8 日　国税函〔2007〕10 号

一、对饲料级磷酸二氢钙产品可按照现行"单一大宗饲料"的增值税政策规定，免征增值税。

划重点 消痛点

本案例中，H公司销售饲料级磷酸二氢钙产品享受免征增值税优惠政策，不得开具增值税专用发票；若开具专用发票，则不得享受免征增值税政策，应照章全额缴纳增值税。

第11集 饲用鱼油销售收入可以免征增值税吗？

I公司是一家鱼粉生产企业，在鱼粉生产过程中伴生副产品饲用鱼油，该饲用鱼油主要用于水产养殖和肉鸡饲养。

I公司2021年6月销售饲用鱼油，取得销售收入240万元。

提问：林老师，I公司取得的该项销售收入，可以免征增值税吗？

林老师解答

可以。

TAX 政策依据

国家税务总局关于饲用鱼油产品免征增值税的批复

2003年12月29日　国税函〔2003〕1395号

饲用鱼油是鱼粉生产过程中的副产品，主要用于水产养殖和肉鸡饲养，属于单一大宗饲料。经研究，自2003年1月1日起，对饲用鱼油产品按照现行"单一大宗饲料"的增值税政策规定，免予征收增值税。

第一章 免税优惠行业

第 12 集
矿物质微量元素舔砖销售收入可以免征增值税吗？

扫码看视频

J公司是一家矿物质微量元素舔砖生产企业，所生产的矿物质微量元素舔砖是以四种以上微量元素、非营养性添加剂和载体为原料，经高压浓缩制成的块状预混物，可供牛、羊等牲畜直接食用。

J公司2021年6月销售矿物质微量元素舔砖，取得销售收入150万元。

提问：林老师，J公司取得的该项销售收入，可以免征增值税吗？

林老师解答

可以。

政策依据

国家税务总局关于矿物质微量元素舔砖免征增值税问题的批复

2005年11月30日　国税函〔2005〕1127号

矿物质微量元素舔砖，是以四种以上微量元素、非营养性添加剂和载体为原料，经高压浓缩制成的块状预混物，可供牛、羊等牲畜直接食用，应按照"饲料"免征增值税。

第 13 集
氨化硝酸钙销售收入可以免征增值税吗?

K公司是一家氨化硝酸钙生产企业,2021年6月销售氨化硝酸钙,取得销售收入350万元。

提问:林老师,K公司取得的该项销售收入,可以免征增值税吗?

林老师解答

可以。

政策依据

**国家税务总局关于氨化硝酸钙
免征增值税问题的批复**

2009年8月13日　国税函〔2009〕430号

氨化硝酸钙属于氮肥。根据《财政部　国家税务总局关于若干农业生产资料征免增值税政策的通知》(财税〔2001〕113号)第一条第二款规定,对氨化硝酸钙免征增值税。

第 14 集

有机肥料销售收入可以免征增值税吗?

L公司是一家有机肥料生产企业,所生产的有机肥料属于来源于植物,施于土壤以提供植物营养为主要功能的含碳物料。

L公司2021年6月销售有机肥料,取得销售收入300万元。

提问:林老师,L公司取得的该项销售收入,可以免征增值税吗?

林老师解答

可以。

政策依据

财政部 国家税务总局关于有机肥产品免征增值税的通知

2008年4月29日 财税〔2008〕56号

一、自2008年6月1日起,纳税人生产销售和批发、零售有机肥产品免征增值税。

二、享受上述免税政策的有机肥产品是指有机肥料、有机-无机复混肥料和生物有机肥。

(一)有机肥料

指来源于植物和(或)动物,施于土壤以提供植物营养为主要功能的含碳物料。

划重点 消痛点

根据财税〔2008〕56号文件第二条的规定,享受免征增值税优惠政策的有机肥产品，除本案例中的有机肥料之外，还包括以下产品：

1. 有机–无机复混肥料。指由有机和无机肥料混合和（或）化合制成的含有一定量有机肥料的复混肥料。

2. 生物有机肥。指特定功能微生物与主要以动植物残体（如禽畜粪便、农作物秸秆等）为来源并经无害化处理、腐熟的有机物料复合而成的一类兼具微生物肥料和有机肥效应的肥料。

第 15 集

手扶拖拉机底盘销售收入可以免征增值税吗？

M 公司是一家手扶拖拉机底盘生产企业，2021 年 6 月销售手扶拖拉机底盘，取得销售收入 80 万元。

提问：林老师，M 公司取得的该项销售收入，可以免征增值税吗？

林老师解答

可以。

政策依据

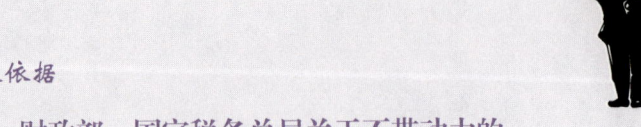

财政部 国家税务总局关于不带动力的手扶拖拉机和三轮农用运输车增值税政策的通知

2002 年 6 月 6 日 财税〔2002〕89 号

不带动力的手扶拖拉机（也称"手扶拖拉机底盘"）和三轮农用运输车（指以单缸柴油机为动力装置的三个车轮的农用运输车辆）属于"农机"，应按有关"农机"的增值税政策规定征免增值税。

第一章 免税优惠行业

第 16 集
农产品批发企业销售鲜活蛋产品收入，可以免征增值税吗？

扫码看视频

N公司是一家农产品批发企业，2021年6月销售鸡蛋、鸭蛋、鹅蛋（均为鲜蛋），取得销售收入100万元。

提问：林老师，N公司取得的该项销售收入，可以免征增值税吗？

林老师解答

可以。

政策依据

财政部　国家税务总局关于免征部分鲜活肉蛋产品流通环节增值税政策的通知

2012年9月27日　财税〔2012〕75号

一、对从事农产品批发、零售的纳税人销售的部分鲜活肉蛋产品免征增值税。

免征增值税的鲜活肉产品，是指猪、牛、羊、鸡、鸭、鹅及其整块或者分割的鲜肉、冷藏或者冷冻肉，内脏、头、尾、骨、蹄、翅、爪等组织。

免征增值税的鲜活蛋产品，是指鸡蛋、鸭蛋、鹅蛋，包括鲜蛋、冷藏蛋以及对其进行破壳分离的蛋液、蛋黄和蛋壳。

上述产品中不包括《中华人民共和国野生动物保护法》所规定的国家珍贵、濒危野生动物及其鲜活肉类、蛋类产品。

溪发说税之 增值税优惠篇

划重点 消痛点

本案例中，假定 N 公司既销售享受免征增值税优惠政策的鸡蛋、鸭蛋、鹅蛋，又销售其他增值税应税货物，该公司应分别核算上述鲜活肉蛋产品和其他增值税应税货物的销售额；未分别核算的，不得享受上述鲜活肉蛋产品免征增值税优惠政策。

第 17 集
蔬菜批发企业销售蔬菜收入，可以免征增值税吗？

扫码看视频

Q 公司是一家蔬菜批发企业，2021 年 6 月销售萝卜、胡萝卜，取得收入 12 万元。

提问：林老师，Q 公司取得的该项销售收入，可以免征增值税吗？

林老师解答

可以。

政策依据

财政部　国家税务总局
关于免征蔬菜流通环节增值税有关问题的通知
2011 年 12 月 31 日　财税〔2011〕137 号

一、对从事蔬菜批发、零售的纳税人销售的蔬菜免征增值税。

蔬菜是指可作副食的草本、木本植物，包括各种蔬菜、菌类植物和

第一章 免税优惠行业

少数可作副食的木本植物。蔬菜的主要品种参照《蔬菜主要品种目录》（见附件）执行。

经挑选、清洗、切分、晾晒、包装、脱水、冷藏、冷冻等工序加工的蔬菜，属于本通知所述蔬菜的范围。

划重点 消痛点

本案例中，假定 Q 公司 2021 年 7 月销售蔬菜罐头，取得销售收入 80 万元，可以免征增值税吗？

不可以！

该公司销售的蔬菜罐头，不属于财税〔2011〕137 号文件第一条免征增值税的蔬菜的范围，取得的销售收入应按规定计算缴纳增值税。

第 18 集
滴灌带和滴灌管产品销售收入可以免征增值税吗？

扫码看视频

R 公司是一家滴灌带和滴灌管产品生产企业，2021 年 6 月销售滴灌带和滴灌管产品，取得收入 90 万元。该滴灌带和滴灌管产品属于农业节水滴灌系统专用的、具有制造过程中加工的孔口或其他出流装置、能够以滴状或连续流状出水的水带和水管产品。滴灌带和滴灌管产品按照国家有关质量技术标准要求进行生产，并与 PVC 管（主管）、PE 管（辅管）、承插管件、过滤器等部件组成为滴灌系统。

提问：林老师，R 公司取得的该项销售收入，可以免征增值税吗？

溪发说税之增值税优惠篇

林老师解答

可以。

TAX 政策依据

财政部　国家税务总局
关于免征滴灌带和滴灌管产品增值税的通知

2007年5月30日　财税〔2007〕83号

一、自2007年7月1日起，纳税人生产销售和批发、零售滴灌带和滴灌管产品免征增值税。

滴灌带和滴灌管产品是指农业节水滴灌系统专用的、具有制造过程中加工的孔口或其他出流装置、能够以滴状或连续流状出水的水带和水管产品。滴灌带和滴灌管产品按照国家有关质量技术标准要求进行生产，并与PVC管（主管）、PE管（辅管）、承插管件、过滤器等部件组成为滴灌系统。

划重点　消痛点

本案例中，R公司申请办理免征增值税时，应向主管税务机关报送由产品质量检验机构出具的质量技术检测合格报告，出具报告的产品质量检验机构须通过省以上质量技术监督部门的相关资质认定。

第一章 免税优惠行业

第 19 集
农业机耕服务收入可以免征增值税吗？

M 公司于 2021 年 4 月使用农业机械为丙农场提供耕田作业服务，取得丙农场支付的服务费 50 万元。

提问：林老师，M 公司取得的农业机耕服务收入，可以免征增值税吗？

林老师解答

可以。

政策依据

财政部　国家税务总局
关于全面推开营业税改征增值税试点的通知

2016 年 3 月 23 日　财税〔2016〕36 号

附件 3：营业税改征增值税试点过渡政策的规定
一、下列项目免征增值税
……

（十）农业机耕、排灌、病虫害防治、植物保护、农牧保险以及相关技术培训业务，家禽、牲畜、水生动物的配种和疾病防治。

农业机耕，是指在农业、林业、牧业中使用农业机械进行耕作（包括耕耘、种植、收割、脱粒、植物保护等）的业务……

第 20 集 企业将国有农用地出租给农户用于农业生产而取得的租金收入,可以免征增值税吗?

C公司2021年2月将持有的国有农用地出租给农户用于农业生产,取得租金收入12万元。

提问:林老师,C公司取得的该项租金收入,可以免征增值税吗?

林老师解答

可以。

政策依据

财政部 税务总局
关于明确国有农用地出租等增值税政策的公告

2020年1月20日 财政部 税务总局公告2020年第2号

一、纳税人将国有农用地出租给农业生产者用于农业生产,免征增值税。

划重点 消痛点

本案例中,假定C公司将持有的国有农用地出租给农户,农户未用于农业生产,则该公司取得租金收入不能享受免征增值税优惠政策。

第21集 企业将土地使用权转让给农业合作社用于农业生产而取得的转让收入,可以免征增值税吗?

D公司2021年2月将持有的国有土地使用权转让给农业合作社用于农业生产,取得转让收入20万元。

提问:林老师,D公司取得的该项转让收入,可以免征增值税吗?

林老师解答

可以。

政策依据

财政部 国家税务总局
关于全面推开营业税改征增值税试点的通知

2016年3月23日 财税〔2016〕36号

附件3:营业税改征增值税试点过渡政策的规定

一、下列项目免征增值税

……

(三十五)将土地使用权转让给农业生产者用于农业生产。

第22集 企业将承包地转让给农业合作社用于农业生产而取得的转让收入，可以免征增值税吗？

E公司2021年2月将取得的承包地转让给农业合作社用于农业生产，取得转让收入15万元。

提问：林老师，E公司取得的该项转让收入，可以免征增值税吗？

林老师解答

可以。

政策依据

财政部　税务总局
关于建筑服务等营改增试点政策的通知

2017年7月11日　财税〔2017〕58号

四、纳税人采取转包、出租、互换、转让、入股等方式将承包地流转给农业生产者用于农业生产，免征增值税。

划重点　消痛点

本案例以及第20集、第21集案例所列举的可以免征增值税的情形，均要符合"用于农业生产"这个条件。

第二节 医疗、教育业免税优惠

第 23 集
医疗服务收入可以免征增值税吗？

A 医院是一家经登记取得《医疗执业机构许可证》的医疗机构，按照不高于地（市）级以上价格主管部门会同同级卫生主管部门及其他相关部门制定的医疗服务指导价格（包括政府指导价和按照规定由供需双方协商确定的价格等）为就医者提供《全国医疗服务价格项目规范》所列的各项服务，2021 年 3 月取得医疗服务收入 300 万元。

提问：林老师，A 医院取得的医疗服务收入，可以免征增值税吗？

林老师解答

可以。

政策依据

财政部 国家税务总局
关于全面推开营业税改征增值税试点的通知

2016 年 3 月 23 日 财税〔2016〕36 号

附件 3：营业税改征增值税试点过渡政策的规定

一、下列项目免征增值税

……

（七）医疗机构提供的医疗服务。

医疗机构，是指依据国务院《医疗机构管理条例》（国务院令第149号）及卫生部《医疗机构管理条例实施细则》（卫生部令第35号）的规定，经登记取得《医疗机构执业许可证》的机构，以及军队、武警部队各级各类医疗机构。具体包括：各级各类医院、门诊部（所）、社区卫生服务中心（站）、急救中心（站）、城乡卫生院、护理院（所）、疗养院、临床检验中心，各级政府及有关部门举办的卫生防疫站（疾病控制中心）、各种专科疾病防治站（所），各级政府举办的妇幼保健所（站）、母婴保健机构、儿童保健机构，各级政府举办的血站（血液中心）等医疗机构。

本项所称的医疗服务，是指医疗机构按照不高于地（市）级以上价格主管部门会同同级卫生主管部门及其他相关部门制定的医疗服务指导价格（包括政府指导价和按照规定由供需双方协商确定的价格等）为就医者提供《全国医疗服务价格项目规范》所列的各项服务，以及医疗机构向社会提供卫生防疫、卫生检疫的服务。

划重点　消痛点

本案例中，假定A医院于2021年7月转让店面，取得转让收入100万元，可以免征增值税吗？

不可以！

A医院取得的店面转让收入，不属于免征增值税的医疗服务收入的范围，应按规定计算缴纳增值税。

第一章 免税优惠行业

第 24 集
非营利性医疗机构取得与医疗服务有关的提供药品收入，可以免征增值税吗？

扫码看视频

甲门诊部是一家经登记取得《医疗执业机构许可证》的非营利性医疗机构，按照不高于地（市）级以上价格主管部门会同同级卫生主管部门及其他相关部门制定的医疗服务指导价格（包括政府指导价和按照规定由供需双方协商确定的价格等）为就医者提供《全国医疗服务价格项目规范》所列的医疗服务，其2021年6月取得的医疗服务收入中，与医疗服务有关的提供药品收入为50万元。

提问：林老师，甲门诊部取得的该项药品收入，可以免征增值税吗？

林老师解答

可以。

TAX 政策依据

财政部　国家税务总局
关于医疗卫生机构有关税收政策的通知

2000年7月10日　财税〔2000〕42号

一、关于非营利性医疗机构的税收政策

（一）对非营利性医疗机构按照国家规定的价格取得的医疗服务收入，免征各项税收。不按照国家规定价格取得的医疗服务收入不得享受这项政策。医疗服务是指医疗服务机构对患者进行检查、诊断、治疗、

31

康复和提供预防保健、接生、计划生育方面的服务，以及与这些服务有关的提供药品、医用材料器具、救护车、病房住宿和伙食的业务。

财政部　国家税务总局
关于全面推开营业税改征增值税试点的通知

2016年3月23日　财税〔2016〕36号

附件1《营业税改征增值税试点实施办法》附：销售服务、无形资产、不动产注释

一、销售服务

……

（七）生活服务。

……

2.教育医疗服务。

……

（2）医疗服务，是指提供医学检查、诊断、治疗、康复、预防、保健、接生、计划生育、防疫服务等方面的服务，以及与这些服务有关的提供药品、医用材料器具、救护车、病房住宿和伙食的业务。

第25集
非营利性医疗机构取得房租收入，可以免征增值税吗？

乙社区卫生服务中心是一家经登记取得《医疗执业机构许可证》的非营利性医疗机构，该卫生服务中心2021年6月出租房屋，取得租金收入20万元。

提问：林老师，乙社区卫生服务中心取得的该项租金收入，可以免征增值税吗？

林老师解答

不可以。

政策依据

财政部　国家税务总局
关于医疗卫生机构有关税收政策的通知

2000年7月10日　财税〔2000〕42号

一、关于非营利性医疗机构的税收政策

……

（二）对非营利性医疗机构从事非医疗服务取得的收入，如租赁收入、财产转让收入、培训收入、对外投资收入等应按规定征收各项税收。

第26集

非营利性医疗机构自产自用的制剂，可以免征增值税吗？

丙医院是一家经登记取得《医疗执业机构许可证》的非营利性医疗机构，该医院于2021年6月自产制剂自用。

提问：林老师，该医院自产自用的制剂，可以免征增值税吗？

林老师解答

可以。

> **政策依据**
>
> **财政部　国家税务总局**
> **关于医疗卫生机构有关税收政策的通知**
>
> 2000年7月10日　财税〔2000〕42号
>
> 一、关于非营利性医疗机构的税收政策
>
> ……
>
> （三）对非营利性医疗机构自产自用的制剂，免征增值税。

第27集
营利性医疗机构自产自用的制剂，可以免征增值税吗？

丁医院是一家于2019年1月登记取得《医疗执业机构许可证》的营利性医疗机构，该医院于2021年6月自产制剂自用，相关收入直接用于改善医疗卫生条件。

提问：林老师，丁医院自产自用的制剂，可以免征增值税吗？

林老师解答

可以。

> **政策依据**
>
> **财政部　国家税务总局**
> **关于医疗卫生机构有关税收政策的通知**
>
> 2000年7月10日　财税〔2000〕42号
>
> 二、关于营利性医疗机构的税收政策

第一章 免税优惠行业

（一）对营利性医疗机构取得的收入，按规定征收各项税收。但为了支持营利性医疗机构的发展，对营利性医疗机构取得的收入，直接用于改善医疗卫生条件的，自其取得执业登记之日起，3年内给予下列优惠：……对其自产自用的制剂免征增值税；……

划重点　消痛点

本案例中，假定丁医院2022年2月自产自用制剂，则自产自用制剂的时点距其取得执业登记日（2019年1月）已超过3年免税期，应按规定计算缴纳增值税。

若丁医院为非营利性医疗机构，因为相关政策未对非营利性医疗机构自产自用制剂规定免征增值税的期限，则其2022年2月自产自用制剂可以享受免征增值税优惠政策。

第28集 医疗机构药房分离为独立的药品零售企业后取得的收入，可以免征增值税吗？

扫码看视频

戊医院是一家经登记取得《医疗执业机构许可证》的医疗机构。

该医院于2021年6月将药房分离为独立的药品零售企业A公司；A公司当月销售药品取得收入100万元。

提问：林老师，A公司取得的该项销售收入，可以免征增值税吗？

35

林老师解答

不可以。

TAX 政策依据

> 财政部　国家税务总局
> 关于医疗卫生机构有关税收政策的通知
>
> 2000年7月10日　财税〔2000〕42号
>
> 一、关于非营利性医疗机构的税收政策
>
> ……
>
> （四）非营利性医疗机构的药房分离为独立的药品零售企业，应按规定征收各项税收。
>
> ……
>
> 二、关于营利性医疗机构的税收政策
>
> ……
>
> （二）对营利性医疗机构的药房分离为独立的药品零售企业，应按规定征收各项税收。

划重点　消痛点

　　本案例中，无论戊医院是营利性医疗机构还是非营利性医疗机构，其将药房分离为独立的药品零售企业后取得的收入，均应按规定计算缴纳各项税收。

第一章 免税优惠行业

第 29 集
疾病控制机构取得的疫苗接种服务收入，可以免征增值税吗？

扫码看视频

己疾病控制中心是一家疾病控制机构，2021 年 6 月按国家规定的价格提供疫苗接种服务，取得服务收入 48 万元。

提问：林老师，己疾病控制中心取得的该项服务收入，可以免征增值税吗？

林老师解答

可以。

政策依据

财政部　国家税务总局
关于医疗卫生机构有关税收政策的通知

2000 年 7 月 10 日　财税〔2000〕42 号

三、关于疾病控制机构和妇幼保健机构等卫生机构的税收政策

（一）对疾病控制机构和妇幼保健机构等卫生机构按照国家规定的价格取得的卫生服务收入（含疫苗接种和调拨、销售收入），免征各项税收。……

划重点　消痛点

本案例中，假定己疾病控制中心不按照国家法规的价格取得卫生服务收入，则应按规定申报缴纳各项税收。

37

第30集 动物诊疗服务收入可以免征增值税吗？

A公司是一家动物诊疗机构，依照《动物诊疗机构管理办法》（农业部令第19号公布，农业部令2016年第3号、2017年第8号修改）规定，取得动物诊疗许可证，并在规定的诊疗活动范围内开展动物诊疗活动。

A公司于2021年6月提供动物疾病预防、诊断、治疗和动物绝育手术等动物诊疗服务，取得服务收入12万元。

提问：林老师，A公司取得的动物诊疗服务收入，可以免征增值税吗？

林老师解答

可以。

TAX 政策依据

国家税务总局关于取消增值税扣税凭证认证确认期限等增值税征管问题的公告

2019年12月31日　国家税务总局公告2019年第45号

五、动物诊疗机构提供的动物疾病预防、诊断、治疗和动物绝育手术等动物诊疗服务，属于《营业税改征增值税试点过渡政策的规定》（财税〔2016〕36号附件3）第一条第十项所称"家禽、牲畜、水生动物的配种和疾病防治"。

……

动物诊疗机构，是指依照《动物诊疗机构管理办法》（农业部令

第一章 免税优惠行业

第 19 号公布，农业部令 2016 年第 3 号、2017 年第 8 号修改）规定，取得动物诊疗许可证，并在规定的诊疗活动范围内开展动物诊疗活动的机构。

第 31 集

国产抗艾滋病病毒药品销售收入，可以免征增值税吗？

扫码看视频

B 公司是一家国产抗艾滋病病毒药品的生产企业，生产的抗艾滋病病毒药品由各省（自治区、直辖市）艾滋病药品管理部门按照政府采购有关规定采购，并向艾滋病病毒感染者和病人免费提供。

B 公司分别核算国产抗艾滋病病毒药品和其他货物的销售额，2021 年 7 月取得国产抗艾滋病病毒药品销售收入 200 万元，开具增值税普通发票。

提问：林老师，B 公司取得的国产抗艾滋病病毒药品销售收入，可以免征增值税吗？

林老师解答

可以。

政策依据

财政部　税务总局
关于延续免征国产抗艾滋病病毒药品增值税政策的公告

2019 年 6 月 5 日　财政部　税务总局公告 2019 年第 73 号

一、自 2019 年 1 月 1 日至 2020 年 12 月 31 日，继续对国产抗艾滋病病毒药品免征生产环节和流通环节增值税（国产抗艾滋病病毒药物品种清单见附件）。

二、享受上述免征增值税政策的国产抗艾滋病病毒药品，须为各省（自治区、直辖市）艾滋病药品管理部门按照政府采购有关规定采购的，并向艾滋病病毒感染者和病人免费提供的抗艾滋病病毒药品。药品生产企业和流通企业应将药品供货合同留存，以备税务机关查验。

三、抗艾滋病病毒药品的生产企业和流通企业应分别核算免税药品和其他货物的销售额；未分别核算的，不得享受增值税免税政策。

财政部　税务总局
关于延长部分税收优惠政策执行期限的公告

2021年3月15日　财政部　税务总局公告2021年第6号

一、《财政部　税务总局关于设备　器具扣除有关企业所得税政策的通知》（财税〔2018〕54号）等16个文件规定的税收优惠政策凡已经到期的，执行期限延长至2023年12月31日，详见附件1。

附件1：

财税〔2018〕54号等16个文件

序号	文件名称	备注
……	……	……
9	《财政部　税务总局关于延续免征国产抗艾滋病病毒药品增值税政策的公告》（财政部　税务总局公告2019年第73号）	

划重点　消痛点

本案例中，该公司享受增值税免税政策的国产抗艾滋病病毒药品，应属于财政部　税务总局公告2019年第73号附件《国产抗艾滋病病毒药物品种清单》列示的药品：

国产抗艾滋病病毒药物品种清单

序号	药物品种
1	齐多夫定
2	拉米夫定
3	奈韦拉平
4	依非韦伦
5	替诺福韦
6	洛匹那韦
7	利托那韦
8	阿巴卡韦

国产抗艾滋病病毒药物，包括上表中所列药物及其制剂，以及由两种或三种药物组成的复合制剂。

第32集
从事学历教育的学校提供教育服务取得的收入，可以免征增值税吗？

扫码看视频

T小学是从事初等教育的普通小学，对列入规定招生计划的在籍学生提供学历教育服务，2021年3月取得教育服务收入50万元。

提问：林老师，T小学取得的教育服务收入，可以免征增值税吗？

林老师解答

可以。

政策依据

财政部　国家税务总局
关于全面推开营业税改征增值税试点的通知

2016年3月23日　财税〔2016〕36号

附件3：营业税改征增值税试点过渡政策的规定

一、下列项目免征增值税

……

（八）从事学历教育的学校提供的教育服务。

1.学历教育，是指受教育者经过国家教育考试或者国家规定的其他入学方式，进入国家有关部门批准的学校或者其他教育机构学习，获得国家承认的学历证书的教育形式。具体包括：

（1）初等教育：普通小学、成人小学。

……

2.从事学历教育的学校，是指：

（1）普通学校。

……

3.提供教育服务免征增值税的收入，是指对列入规定招生计划的在籍学生提供学历教育服务取得的收入，具体包括：经有关部门审核批准并按规定标准收取的学费、住宿费、课本费、作业本费、考试报名费收入，以及学校食堂提供餐饮服务取得的伙食费收入。除此之外的收入，包括学校以各种名义收取的赞助费、择校费等，不属于免征增值税的范围。

学校食堂是指依照《学校食堂与学生集体用餐卫生管理规定》（教育部令第14号）管理的学校食堂。

第一章 免税优惠行业

划重点　消痛点

根据财税〔2016〕36号文件附件3《营业税改征增值税试点过渡政策的规定》第一条第（八）项第1目的规定，享受免征增值税优惠政策的学历教育，除了本案例中的初等教育之外，还包括以下教育形式：

1. 初级中等教育：普通初中、职业初中、成人初中。

2. 高级中等教育：普通高中、成人高中和中等职业学校（包括普通中专、成人中专、职业高中、技工学校）。

3. 高等教育：普通本专科、成人本专科、网络本专科、研究生（博士、硕士）、高等教育自学考试、高等教育学历文凭考试。

第33集　幼儿园提供保育和教育服务取得的收入，可以免征增值税吗？

扫码看视频

C公司是一家经县教育局审批成立、取得办园许可证的实施0～6岁学前教育的民办幼儿园，2021年2月取得保育和教育服务收入50万元，该收入是在报经当地有关部门备案并公示的收费标准范围内收取的。

提问：林老师，C公司取得的服务收入，可以免征增值税吗？

林老师解答

可以。

溪发说税之增值税优惠篇

> **📢 政策依据**
>
> **财政部　国家税务总局**
> **关于全面推开营业税改征增值税试点的通知**
>
> 2016年3月23日　财税〔2016〕36号
>
> 附件3：营业税改征增值税试点过渡政策的规定
> 一、下列项目免征增值税
> （一）托儿所、幼儿园提供的保育和教育服务。
>
> 托儿所、幼儿园，是指经县级以上教育部门审批成立、取得办园许可证的实施0~6岁学前教育的机构，包括公办和民办的托儿所、幼儿园、学前班、幼儿班、保育院、幼儿院。
> ……
> 民办托儿所、幼儿园免征增值税的收入是指，在报经当地有关部门备案并公示的收费标准范围内收取的教育费、保育费。

划重点　消痛点

本案例中，假定该幼儿园属于公办幼儿园，则其免征增值税的收入是指，在省级财政部门和价格主管部门审核报省级人民政府批准的收费标准以内收取的教育费、保育费。

第34集 校办企业将生产的应税货物用于本校教学、科研活动，可以免征增值税吗？

D公司为A大学的校办企业。

D公司于2021年8月将生产的仪器设备用于A大学的教学、科研活动。

提问：林老师，D公司将自产的仪器设备用于本校的教学、科研活动，经严格审核确认后，可以免征增值税吗？

林老师解答

可以。

政策依据

财政部　国家税务总局
关于校办企业免税问题的通知

2000年9月28日　财税〔2000〕92号

一、校办企业生产的应税货物，凡用于本校教学、科研方面的，经严格审核确认后，免征增值税。

……

四、本通知自2000年1月1日起执行。

划重点　消痛点

本案例中，假定该公司2021年7月将自产的仪器设备销售给甲公司，

溪发说税之增值税优惠篇

取得销售收入60万元；因未用于本校教学、科研活动，取得的收入应按规定计算缴纳增值税。

第35集
高校学生公寓住宿费收入，可以免征增值税吗？

B大学向本校学生提供住宿服务，并按国家规定的收费标准收取住宿费。

该大学于2021年9月取得本校学生公寓住宿费收入400万元。

该大学单独核算上述学生公寓住宿费收入。

提问：林老师，该大学取得的该项住宿费收入，可以免征增值税吗？

林老师解答

可以。

政策依据

财政部　国家税务总局
关于继续执行高校学生公寓和食堂有关税收政策的通知

2016年7月25日　财税〔2016〕82号

二、对按照国家规定的收费标准向学生收取的高校学生公寓住宿费收入，自2016年1月1日至2016年4月30日，免征营业税；自2016年5月1日起，在营改增试点期间免征增值税。

……

第一章　免税优惠行业

四、本通知所述"高校学生公寓",是指为高校学生提供住宿服务,按照国家规定的收费标准收取住宿费的学生公寓。

第 36 集　高校学生食堂为高校师生提供餐饮服务取得的收入,可以免征增值税吗?

C 大学开办学生食堂,并依照《学校食堂与学生集体用餐卫生管理规定》(教育部令第 14 号)对其进行管理。

该学生食堂为 C 大学师生提供餐饮服务,2021 年 9 月取得收入 60 万元。

该大学单独核算上述学生食堂为师生提供餐饮服务取得的收入。

提问:林老师,该大学取得的该项餐饮服务收入,可以免征增值税吗?

林老师解答

可以。

政策依据

财政部　国家税务总局
关于继续执行高校学生公寓和食堂有关税收政策的通知
2016 年 7 月 25 日　财税〔2016〕82 号

三、对高校学生食堂为高校师生提供餐饮服务取得的收入,自 2016 年 1 月 1 日至 2016 年 4 月 30 日,免征营业税;自 2016 年 5 月 1 日起,

47

在营改增试点期间免征增值税。

......

四、……

"高校学生食堂",是指依照《学校食堂与学生集体用餐卫生管理规定》(教育部令第14号)管理的高校学生食堂。

第37集

学校举办培训班的收入可以免征增值税吗?

G大学是一家政府举办的高等学校,2021年5月举办培训班,取得收入20万元,该项收入全部进入该学校统一账户,并纳入预算全额上缴财政专户管理,同时由该学校对有关票据进行统一管理和开具。

提问:林老师,G大学取得的该项收入,可以免征增值税吗?

林老师解答

可以。

政策依据

财政部 国家税务总局
关于全面推开营业税改征增值税试点的通知

2016年3月23日 财税〔2016〕36号

附件3:营业税改征增值税试点过渡政策的规定

一、下列项目免征增值税

......

第一章 免税优惠行业

（二十九）政府举办的从事学历教育的高等、中等和初等学校（不含下属单位），举办进修班、培训班取得的全部归该学校所有的收入。

全部归该学校所有，是指举办进修班、培训班取得的全部收入进入该学校统一账户，并纳入预算全额上缴财政专户管理，同时由该学校对有关票据进行统一管理和开具。

划重点 消痛点

本案例中，假定乙公司为G大学下属的资产经营企业，乙公司于2021年3月出资设立丙公司，丙公司以提供各项培训服务为主营业务。丙公司提供培训服务取得培训收入，应按规定计算缴纳增值税。

第38集 职业学校提供实习场所的自办、自营企业取得的软件开发服务收入，可以免征增值税吗？

扫码看视频

I学校是一家由政府举办的职业学校，2020年1月出资设立H公司。

H公司主要为在校学生提供实习场所，由I学校出资自办、经营管理，其经营收入归该学校所有。

H公司于2021年5月从事软件开发服务，取得服务收入25万元。

提问：林老师，H公司取得的软件开发服务收入，可以免征增值税吗？

溪发说税之增值税优惠篇

林老师解答

可以。

TAX 政策依据

财政部　国家税务总局
关于全面推开营业税改征增值税试点的通知

2016年3月23日　财税〔2016〕36号

附件3：营业税改征增值税试点过渡政策的规定
一、下列项目免征增值税
……

（三十）政府举办的职业学校设立的主要为在校学生提供实习场所、并由学校出资自办、由学校负责经营管理、经营收入归学校所有的企业，从事《销售服务、无形资产或者不动产注释》中"现代服务"（不含融资租赁服务、广告服务和其他现代服务）、"生活服务"（不含文化体育服务、其他生活服务和桑拿、氧吧）业务活动取得的收入。

划重点　消痛点

本案例中，假定H公司于2021年8月取得广告收入50万元，应按规定计算缴纳增值税。

第三节　文化、体育业免税优惠

第 39 集
电影发行收入可以免征增值税吗？

扫码看视频

E公司是一家经过省级电影主管部门按照其职能权限批准从事电影发行的电影发行公司。

E公司2021年2月取得电影发行收入100万元。

提问：林老师，E公司取得的电影发行收入，可以免征增值税吗？

林老师解答

可以。

政策依据

财政部　税务总局
关于继续实施支持文化企业发展增值税政策的通知

2019年2月13日　财税〔2019〕17号

一、对电影主管部门（包括中央、省、地市及县级）按照各自职能权限批准从事电影制片、发行、放映的电影集团公司（含成员企业）、电影制片厂及其他电影企业取得的销售电影拷贝（含数字拷贝）收入、转让电影版权（包括转让和许可使用）收入、电影发行收入以及在农村取得的电影放映收入，免征增值税。……

……

三、本通知执行期限为 2019 年 1 月 1 日至 2023 年 12 月 31 日。《财政部　税务总局关于继续执行有线电视收视费增值税政策的通知》（财税〔2017〕35 号）同时废止。《财政部　税务总局关于继续实施支持文化企业发展若干税收政策的通知》（财税〔2014〕85 号）自 2019 年 1 月 1 日起停止执行。

划重点　消痛点

本案例中，假定该公司为一般纳税人，2021 年 8 月提供城市电影放映服务，则其可以按现行政策规定，选择按照简易计税办法计算缴纳增值税。

第 40 集

有线数字电视基本收视维护费收入可以免征增值税吗？

F 公司是一家广播电视运营服务企业，2021 年 2 月收取有线数字电视基本收视维护费 80 万元。

提问： 林老师，F 公司收取的有线数字电视基本收视维护费，可以免征增值税吗？

林老师解答

可以。

第一章 免税优惠行业

> **政策依据**
>
> **财政部 税务总局**
> **关于继续实施支持文化企业发展增值税政策的通知**
>
> 2019年2月13日 财税〔2019〕17号
>
> 二、对广播电视运营服务企业收取的有线数字电视基本收视维护费和农村有线电视基本收视费，免征增值税。
>
> 三、本通知执行期限为2019年1月1日至2023年12月31日。《财政部 税务总局关于继续执行有线电视收视费增值税政策的通知》（财税〔2017〕35号）同时废止。《财政部 税务总局关于继续实施支持文化企业发展若干税收政策的通知》（财税〔2014〕85号）自2019年1月1日起停止执行。

划重点 消痛点

本案例中，假定该公司于2021年8取得广告收入60万元，取得的收入应按规定计算缴纳增值税。

第41集
组织举办文化活动的第一道门票收入，可以免征增值税吗？

扫码看视频

U文化馆于2021年4月在本单位场馆组织举办文化活动，取得第一道门票收入15万元。

提问：林老师，该文化馆取得的第一道门票收入，可以免征增值税吗？

53

林老师解答

可以。

TAX 政策依据

财政部　国家税务总局
关于全面推开营业税改征增值税试点的通知

2016年3月23日　财税〔2016〕36号

附件3：营业税改征增值税试点过渡政策的规定

一、下列项目免征增值税

……

（十一）纪念馆、博物馆、文化馆、文物保护单位管理机构、美术馆、展览馆、书画院、图书馆在自己的场所提供文化体育服务取得的第一道门票收入。

划重点　消痛点

本案例中，假定该文化馆除取得第一道门票收入之外，还取得第二道门票收入50万元；则其取得的第二道门票收入，可以免征增值税吗？

不可以！

第一章 免税优惠行业

第42集
举办宗教活动的门票收入可以免征增值税吗？

扫码看视频

V寺庙于2021年4月举办宗教活动，取得门票收入50万元。

提问：林老师，V寺庙取得的门票收入，可以免征增值税吗？

林老师解答

可以。

政策依据

财政部 国家税务总局
关于全面推开营业税改征增值税试点的通知

2016年3月23日 财税〔2016〕36号

附件3：营业税改征增值税试点过渡政策的规定

一、下列项目免征增值税

……

（十二）寺院、宫观、清真寺和教堂举办文化、宗教活动的门票收入。

第 43 集
科普单位的门票收入可以免征增值税吗？

G 公司是一家面向社会公众开展科普活动的科普单位。G 公司将门票收入在财务上实行单独核算，2021 年 7 月开展科普活动取得门票收入 50 万元，开具增值税普通发票。

提问：林老师，G 公司取得的门票收入，可以免征增值税吗？

林老师解答

可以。

政策依据

财政部　税务总局
关于延续宣传文化增值税优惠政策的公告

2021 年 3 月 22 日　财政部　税务总局公告 2021 年第 10 号

三、自 2021 年 1 月 1 日起至 2023 年 12 月 31 日，对科普单位的门票收入，……免征增值税。

划重点　消痛点

根据财政部　税务总局公告 2021 年第 10 号第三条的规定，享受免征增值税优惠政策的科普活动门票收入，除了本案例中的科普单位的门票收入之外，还包括县级及以上党政部门和科协开展科普活动的门票收入。

第一章 免税优惠行业

第 44 集
图书批发收入可以免征增值税吗？

H 公司是一家从事图书批发业务的企业。

H 公司将图书批发业务在财务上实行单独核算，2021 年 7 月取得图书批发收入 100 万元，开具增值税普通发票。

提问：林老师，H 公司取得的该项图书批发收入，可以免征增值税吗？

林老师解答

可以。

政策依据

财政部　税务总局
关于延续宣传文化增值税优惠政策的公告
2021 年 3 月 22 日　财政部　税务总局公告 2021 年第 10 号

二、自 2021 年 1 月 1 日起至 2023 年 12 月 31 日，免征图书批发、零售环节增值税。

第四节　生活服务业免税优惠

第 45 集

家政服务企业员工制家政服务员的服务收入，可以免征增值税吗？

　　I 公司的企业法人营业执照的规定经营范围中包括家政服务内容，员工制家政服务员于 2021 年 5 月提供家政服务，取得服务收入 50 万元。

　　I 公司的员工制家政员符合《营业税改征增值税试点过渡政策的规定》（财税〔2016〕36 号附件 3）第一条第（三十一）项第 3 目的规定。

　　提问：林老师，I 公司取得的家政服务收入，可以免征增值税吗？

林老师解答

可以。

政策依据

财政部　国家税务总局
关于全面推开营业税改征增值税试点的通知

2016 年 3 月 23 日　财税〔2016〕36 号

附件 3：营业税改征增值税试点过渡政策的规定

一、下列项目免征增值税

……

（三十一）家政服务企业由员工制家政服务员提供家政服务取得的收入。

家政服务企业，是指在企业营业执照的规定经营范围中包括家政服务内容的企业。

员工制家政服务员，是指同时符合下列3个条件的家政服务员：

1.依法与家政服务企业签订半年及半年以上的劳动合同或者服务协议，且在该企业实际上岗工作。

2.家政服务企业为其按月足额缴纳了企业所在地人民政府根据国家政策规定的基本养老保险、基本医疗保险、工伤保险、失业保险等社会保险。对已享受新型农村养老保险和新型农村合作医疗等社会保险或者下岗职工原单位继续为其缴纳社会保险的家政服务员，如果本人书面提出不再缴纳企业所在地人民政府根据国家政策规定的相应的社会保险，并出具其所在乡镇或者原单位开具的已缴纳相关保险的证明，可视同家政服务企业已为其按月足额缴纳了相应的社会保险。

3.家政服务企业通过金融机构向其实际支付不低于企业所在地适用的经省级人民政府批准的最低工资标准的工资。

划重点　消痛点

符合下列条件的家政服务企业提供家政服务取得的收入，比照《营业税改征增值税试点过渡政策的规定》（财税〔2016〕36号附件3）第一条第（三十一）项规定，免征增值税：

（1）与家政服务员、接受家政服务的客户就提供家政服务行为签订三方协议；

（2）向家政服务员发放劳动报酬，并对家政服务员进行培训管理；

（3）通过建立业务管理系统对家政服务员进行登记管理。

溪发说税之增值税优惠篇

第 46 集
养老机构取得的养老服务收入，可以免征增值税吗？

J 公司是一家依照《中华人民共和国老年人权益保障法》依法办理登记，并向民政部门备案的为老年人提供集中居住和照料服务的养老机构，2021 年 2 月取得养老服务收入 100 万元。

提问：林老师，J 公司取得的该项服务收入，可以免征增值税吗？

林老师解答

可以。

政策依据

财政部　税务总局
关于明确养老机构免征增值税等政策的通知
2019 年 2 月 2 日　财税〔2019〕20 号

一、《营业税改征增值税试点过渡政策的规定》（财税〔2016〕36 号印发）第一条第（二）项中的养老机构，包括依照《中华人民共和国老年人权益保障法》依法办理登记，并向民政部门备案的为老年人提供集中居住和照料服务的各类养老机构。

财政部　国家税务总局关于全面推开营业税改征增值税试点的通知
2016 年 3 月 23 日　财税〔2016〕36 号

附件 3：营业税改征增值税试点过渡政策的规定

第一章 免税优惠行业

一、下列项目免征增值税

……

（二）养老机构提供的养老服务。

养老机构，是指依照民政部《养老机构设立许可办法》（民政部令第 48 号）设立并依法办理登记的为老年人提供集中居住和照料服务的各类养老机构；养老服务，是指上述养老机构按照民政部《养老机构管理办法》（民政部令第 49 号）的规定，为收住的老年人提供的生活照料、康复护理、精神慰藉、文化娱乐等服务。

第 47 集

社区养老服务收入可以免征增值税吗？

扫码看视频

K 公司是一家社区养老服务企业，在社区依托固定场所设施，采取全托、日托、上门等方式，为社区居民提供养老服务，营业范围主要是为老年人提供生活照料、康复护理、助餐助行、紧急救援、精神慰藉等服务。

K 公司 2021 年 2 月取得社区养老服务收入 30 万元。

提问：林老师，K 公司取得的该项服务收入，可以免征增值税吗？

林老师解答

可以。

61

溪发说税之增值税优惠篇

> **政策依据**
>
> **财政部 税务总局 发展改革委 民政部 商务部 卫生健康委关于养老、托育、家政等社区家庭服务业税费优惠政策的公告**
>
> 2019年6月28日　财政部公告2019年第76号
>
> 一、为社区提供养老、托育、家政等服务的机构，按照以下规定享受税费优惠政策：
>
> （一）提供社区养老、托育、家政服务取得的收入，免征增值税。
>
> ……
>
> 三、本公告所称社区是指聚居在一定地域范围内的人们所组成的社会生活共同体，包括城市社区和农村社区。
>
> 为社区提供养老服务的机构，是指在社区依托固定场所设施，采取全托、日托、上门等方式，为社区居民提供养老服务的企业、事业单位和社会组织。社区养老服务是指为老年人提供的生活照料、康复护理、助餐助行、紧急救援、精神慰藉等服务。
>
> ……
>
> 六、本公告自2019年6月1日起执行至2025年12月31日。

划重点　消痛点

根据财政部公告2019年第76号的规定，享受免征增值税优惠政策的社区家庭服务业收入，除本案例中的为社区提供养老服务的机构提供社区养老服务取得的收入之外，还包括以下两类收入：

1.为社区提供托育服务的机构提供社区托育服务取得的收入。

为社区提供托育服务的机构，是指在社区依托固定场所设施，采取全日托、半日托、计时托、临时托等方式，为社区居民提供托育服务的企业、事业单位和社会组织。社区托育服务是指为3周岁（含）以下婴幼儿提供的照料、看护、膳食、保育等服务。

2. 为社区提供家政服务的机构提供社区家政服务取得的收入。

为社区提供家政服务的机构，是指以家庭为服务对象，为社区居民提供家政服务的企业、事业单位和社会组织。社区家政服务是指进入家庭成员住所或医疗机构为孕产妇、婴幼儿、老人、病人、残疾人提供的照护服务，以及进入家庭成员住所提供的保洁、烹饪等服务。

第48集

育养服务收入可以免征增值税吗？

扫码看视频

L公司是一家残疾人福利机构，2021年2月取得育养服务收入40万元。

提问：林老师，L公司取得的该项服务收入，可以免征增值税吗？

林老师解答

可以。

政策依据

财政部　国家税务总局
关于全面推开营业税改征增值税试点的通知

2016年3月23日　财税〔2016〕36号

附件3：营业税改征增值税试点过渡政策的规定
一、下列项目免征增值税
……
（三）残疾人福利机构提供的育养服务。

63

第 49 集
婚姻介绍服务收入可以免征增值税吗？

M 公司是一家婚姻介绍服务机构，2021 年 2 月取得婚姻介绍服务收入 12 万元。

提问：林老师，M 公司取得的该项服务收入，可以免征增值税吗？

林老师解答

可以。

政策依据

财政部　国家税务总局
关于全面推开营业税改征增值税试点的通知

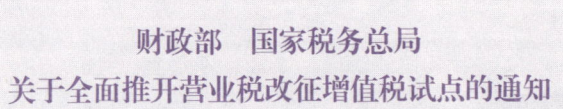

2016 年 3 月 23 日　财税〔2016〕36 号

附件 3：营业税改征增值税试点过渡政策的规定

一、下列项目免征增值税

……

（四）婚姻介绍服务。

第一章 免税优惠行业

第 50 集
殡葬服务收入可以免征增值税吗？

N 公司是一家殡葬服务机构，提供实行政府指导价管理的殡葬服务，2021 年 2 月取得殡葬服务收入 60 万元。

提问：林老师，N 公司取得的该项服务收入，可以免征增值税吗？

林老师解答

可以。

政策依据

财政部　国家税务总局
关于全面推开营业税改征增值税试点的通知

2016 年 3 月 23 日　财税〔2016〕36 号

附件 3：营业税改征增值税试点过渡政策的规定
一、下列项目免征增值税
……
（五）殡葬服务。
殡葬服务，是指收费标准由各地价格主管部门会同有关部门核定，或者实行政府指导价管理的遗体接运（含抬尸、消毒）、遗体整容、遗体防腐、存放（含冷藏）、火化、骨灰寄存、吊唁设施设备租赁、墓穴租赁及管理等服务。

65

第五节　现代服务业免税优惠

第 51 集
合同能源管理服务收入可以免征增值税吗？

O公司是一家节能服务公司，2021年5月实施合同能源管理项目，该合同能源管理服务符合《营业税改征增值税试点过渡政策的规定》（财税〔2016〕36号附件3）第一条第（二十七）项第1目、第2目的规定，取得合同能源管理服务收入20万元。

提问：林老师，O公司取得的该项合同能源管理服务收入，可以免征增值税吗？

林老师解答

可以。

政策依据

财政部　国家税务总局
关于全面推开营业税改征增值税试点的通知

2016年3月23日　财税〔2016〕36号

附件3：营业税改征增值税试点过渡政策的规定

一、下列项目免征增值税

……

（二十七）同时符合下列条件的合同能源管理服务：

1. 节能服务公司实施合同能源管理项目相关技术，应当符合国家质

量监督检验检疫总局和国家标准化管理委员会发布的《合同能源管理技术通则》（GB/T 24915—2010）规定的技术要求。

2.节能服务公司与用能企业签订节能效益分享型合同，其合同格式和内容，符合《中华人民共和国合同法》和《合同能源管理技术通则》（GB/T 2491 5—2010）等规定。

第52集
国际货物运输代理服务收入可以免征增值税吗？

P公司是一家国际货物运输代理企业，2019年4月提供直接国际货物运输代理服务，向委托方收取的全部国际货物运输代理服务收入，以及向国际运输承运人支付的国际运输费用，均通过商业银行进行结算。

提问：林老师，P公司取得的国际货物运输代理服务收入，可以免征增值税吗？

林老师解答

可以。

政策依据

财政部　国家税务总局
关于全面推开营业税改征增值税试点的通知

2016年3月23日　财税〔2016〕36号

附件3：营业税改征增值税试点过渡政策的规定

一、下列项目免征增值税

……

(十八) 纳税人提供的直接或者间接国际货物运输代理服务。

1. 纳税人提供直接或者间接国际货物运输代理服务，向委托方收取的全部国际货物运输代理服务收入，以及向国际运输承运人支付的国际运输费用，必须通过金融机构进行结算。

划重点　消痛点

本案例中，假定委托方向该公司索取发票，该公司应当就国际货物运输代理服务收入向委托方全额开具增值税普通发票。

第 53 集

公租房租金收入可以免征增值税吗？

Q公司是一家公共租赁住房经营管理单位，经营管理的公共租赁住房由所在县人民政府批准建设，并按照《关于加快发展公共租赁住房的指导意见》（建保〔2010〕87号）和县人民政府制定的具体管理办法进行管理。

Q公司单独核算公租房租金收入，2021年7月取得公租房租金收入100万元，开具增值税普通发票。

提问：林老师，Q公司取得的该项公租房租金收入，可以免征增值税吗？

林老师解答

可以。

> 政策依据

财政部 税务总局
关于公共租赁住房税收优惠政策的公告

2019年4月15日 财政部 税务总局公告2019年第61号

七、……对经营公租房所取得的租金收入，免征增值税。公租房经营管理单位应单独核算公租房租金收入，未单独核算的，不得享受免征增值税、房产税优惠政策。

八、享受上述税收优惠政策的公租房是指纳入省、自治区、直辖市、计划单列市人民政府及新疆生产建设兵团批准的公租房发展规划和年度计划，或者市、县人民政府批准建设（筹集），并按照《关于加快发展公共租赁住房的指导意见》（建保〔2010〕87号）和市、县人民政府制定的具体管理办法进行管理的公租房。

……

十、本公告执行期限为2019年1月1日至2020年12月31日。

财政部 税务总局
关于延长部分税收优惠政策执行期限的公告

2021年3月15日 财政部 税务总局公告2021年第6号

一、《财政部 税务总局关于设备 器具扣除有关企业所得税政策的通知》（财税〔2018〕54号）等16个文件规定的税收优惠政策凡已经到期的，执行期限延长至2023年12月31日，详见附件1。

附件1：

财税〔2018〕54号等16个文件

序号	文件名称	备注
……	……	……
7	《财政部 税务总局关于公共租赁住房税收优惠政策的公告》（财政部 税务总局公告2019年第61号）	

第六节　金融、保险业免税优惠

第 54 集
银行取得的小微企业贷款利息收入，可以免征增值税吗？

甲商业银行是一家金融机构，2020年9月向A公司发放3年期小额贷款，该项贷款符合《财政部　税务总局关于金融机构小微企业贷款利息收入免征增值税政策的通知》（财税〔2018〕91号）第四条的规定条件，甲银行对该项贷款选择中国人民银行授权全国银行间同业拆借中心公布的1年期贷款市场报价利率，每季度收取一次利息，到期归还本金。

A公司是符合《中小企业划型标准规定》（工信部联企业〔2011〕300号）的小型企业。

甲银行于2020年12月取得了A公司支付的该项贷款利息收入。

提问：林老师，甲银行取得的该项贷款利息收入，可以免征增值税吗？

林老师解答

可以。

政策依据

财政部　税务总局
关于明确无偿转让股票等增值税政策的公告

2020年9月29日　财政部　税务总局公告2020年第40号

二、自2019年8月20日起，金融机构向小型企业、微型企业和个体工商户发放1年期以上（不含1年）至5年期以下（不含5年）小额贷款取得的利息收入，可选择中国人民银行授权全国银行间同业拆借中心公布的1年期贷款市场报价利率或5年期以上贷款市场报价利率，适用《财政部　税务总局关于金融机构小微企业贷款利息收入免征增值税政策的通知》（财税〔2018〕91号）规定的免征增值税政策。

财政部　税务总局
关于金融机构小微企业贷款利息收入免征增值税政策的通知

2018年9月5日　财税〔2018〕91号

一、自2018年9月1日至2020年12月31日，对金融机构向小型企业、微型企业和个体工商户发放小额贷款取得的利息收入，免征增值税。金融机构可以选择以下两种方法之一适用免税：

（一）对金融机构向小型企业、微型企业和个体工商户发放的，利率水平不高于人民银行同期贷款基准利率150%（含本数）的单笔小额贷款取得的利息收入，免征增值税；高于人民银行同期贷款基准利率150%的单笔小额贷款取得的利息收入，按照现行政策规定缴纳增值税。

（二）对金融机构向小型企业、微型企业和个体工商户发放单笔小额贷款取得的利息收入中，不高于该笔贷款按照人民银行同期贷款基准利率150%（含本数）计算的利息收入部分，免征增值税；超过部分按照现行政策规定缴纳增值税。金融机构可按会计年度在以上两种方法之间选定其一作为该年的免税适用方法，一经选定，该会计年度内不得变更。

......

三、本通知所称小型企业、微型企业，是指符合《中小企业划型标准规定》（工信部联企业〔2011〕300号）的小型企业和微型企业。其中，资产总额和从业人员指标均以贷款发放时的实际状态确定；营业收入指标以贷款发放前12个自然月的累计数确定，不满12个自然月的，按照以下公式计算：

营业收入（年）=企业实际存续期间营业收入/企业实际存续月数×12

四、本通知所称小额贷款，是指单户授信小于1000万元（含本数）的小型企业、微型企业或个体工商户贷款；没有授信额度的，是指单户贷款合同金额且贷款余额在1000万元（含本数）以下的贷款。

财政部　税务总局
关于明确国有农用地出租等增值税政策的公告

2020年1月20日　财政部　税务总局公告2020年第2号

五、自2019年8月20日起，将《财政部　税务总局关于金融机构小微企业贷款利息收入免征增值税政策的通知》（财税〔2018〕91号）第一条"人民银行同期贷款基准利率"修改为"中国人民银行授权全国银行间同业拆借中心公布的贷款市场报价利率"。

划重点　消痛点

本案例中，假定甲商业银行向A公司发放半年期小额贷款，则其取得的利息收入，不能享受免征增值税优惠政策。

根据《财政部　税务总局关于延长部分税收优惠政策执行期限的公告》（财政部　税务总局公告2021年第6号）第一条规定，财税〔2018〕91号文件规定的税收优惠政策执行期限延长至2023年12月31日。

第一章　免税优惠行业

知识链接

金融机构包括哪些？

根据《财政部　国家税务总局关于全面推开营业税改征增值税试点的通知》（财税〔2016〕36号）附件3《营业税改征增值税试点过渡政策的规定》第一条第（二十三）项的规定，金融机构是指：

1. 银行：包括人民银行、商业银行、政策性银行。
2. 信用合作社。
3. 证券公司。
4. 金融租赁公司、证券基金管理公司、财务公司、信托投资公司、证券投资基金。
5. 保险公司。
6. 其他经人民银行、银监会、证监会、保监会批准成立且经营金融保险业务的机构等。

第 55 集　自结息日起 90 天后发生的应收未收利息，需要缴纳增值税吗？

扫码看视频

乙商业银行是一家金融企业，2019年9月向B公司发放贷款，结息日为2020年9月20日，因该公司财务状况不佳，自结息日2020年9月20日起90天后发生的应收利息，截至2021年3月31日尚未收到。

提问： 林老师，乙商业银行自结息日起90天后发生的应收未收利息，需要缴纳增值税吗？

73

溪发说税之增值税优惠篇

林老师解答

乙商业银行自结息日起90天后发生的应收未收利息暂不缴纳增值税，待实际收到利息时按规定缴纳增值税。

政策依据

财政部　国家税务总局
关于全面推开营业税改征增值税试点的通知

2016年3月23日　财税〔2016〕36号

附件3：营业税改征增值税试点过渡政策的规定

四、金融企业发放贷款后，自结息日起90天内发生的应收未收利息按现行规定缴纳增值税，自结息日起90天后发生的应收未收利息暂不缴纳增值税，待实际收到利息时按规定缴纳增值税。

上述所称金融企业，是指银行（包括国有、集体、股份制、合资、外资银行以及其他所有制形式的银行）、城市信用社、农村信用社、信托投资公司、财务公司。

第56集
国家助学贷款利息收入可以免征增值税吗？

丙商业银行向家庭经济困难大学生发放国家助学贷款，2021年3月取得贷款利息收入2万元。

提问：林老师，该银行取得的国家助学贷款利息收入，可以免征增值税吗？

第一章 免税优惠行业

林老师解答

可以。

TAX 政策依据

财政部　国家税务总局
关于全面推开营业税改征增值税试点的通知

2016年3月23日　财税〔2016〕36号

附件3：营业税改征增值税试点过渡政策的规定
一、下列项目免征增值税
……
（十九）以下利息收入。
……
2. 国家助学贷款。

第57集　人民银行对商业银行贷款取得的利息收入，可以免征增值税吗？

扫码看视频

中国人民银行丁市中心支行于2021年1月贷款2000万元给C商业银行，2021年3月取得贷款利息收入20万元。

提问：林老师，该中心支行取得的该项贷款利息收入，可以免征增值税吗？

> **林老师解答**

可以。

> 🆃🅰🆇 **政策依据**
>
> **财政部　国家税务总局**
> **关于全面推开营业税改征增值税试点的通知**
>
> 2016 年 3 月 23 日　财税〔2016〕36 号
>
> 附件 3：营业税改征增值税试点过渡政策的规定
> 一、下列项目免征增值税
> ……
> （二十三）金融同业往来利息收入。
> 1. 金融机构与人民银行所发生的资金往来业务。包括人民银行对一般金融机构贷款，以及人民银行对商业银行的再贴现等。

> **划重点　消痛点**

根据财税〔2016〕36 号文件附件 3《营业税改征增值税试点过渡政策的规定》第一条第（二十三）项、《财政部　税务总局关于建筑服务等营改增试点政策的通知》（财税〔2017〕58 号）第六条的规定，享受免征增值税优惠政策的金融同业往来利息收入，除了本案例中的金融机构与人民银行所发生的资金往来业务之外，还包括以下两类业务：

1. 银行联行往来业务。同一银行系统内部不同行、处之间所发生的资金账务往来业务。

2. 金融机构间的资金往来业务。是指经人民银行批准，进入全国银行间同业拆借市场的金融机构之间通过全国统一的同业拆借网络进行的短期（一年以下含一年）无担保资金融通行为。

第 58 集
被撤销的财务公司以办公楼清偿债务，可以免征增值税吗？

D 财务公司是一家金融机构，2021 年 5 月经人民银行、银保监会依法决定撤销，该公司以其拥有的办公楼清偿债务。

提问： 林老师，该公司以办公楼清偿债务，可以免征增值税吗？

林老师解答

可以。

政策依据

财政部 国家税务总局
关于全面推开营业税改征增值税试点的通知

2016 年 3 月 23 日 财税〔2016〕36 号

附件 3：营业税改征增值税试点过渡政策的规定

一、下列项目免征增值税

……

（二十）被撤销金融机构以货物、不动产、无形资产、有价证券、票据等财产清偿债务。

被撤销金融机构，是指经人民银行、银监会依法决定撤销的金融机构及其分设于各地的分支机构，包括被依法撤销的商业银行、信托投资公司、财务公司、金融租赁公司、城市信用社和农村信用社。……

溪发说税之增值税优惠篇

划重点　消痛点

除另有规定外，被撤销金融机构所属、附属企业，不享受被撤销金融机构增值税免税政策。

扫码看视频

第 59 集
一年期以上返还性人身保险产品，在保险监管部门出具备案回执前依法取得的保费收入，可以免征增值税吗？

E 保险公司开办三年期的返还本利的人寿保险产品，2021 年 5 月在保险监管部门出具备案回执前依法取得了保费收入 2000 万元。

提问：林老师，该公司取得的该项保费收入，可以免征增值税吗？

林老师解答

可以。

政策依据

财政部　税务总局
关于明确养老机构免征增值税等政策的通知

2019 年 2 月 2 日　财税〔2019〕20 号

四、保险公司开办一年期以上返还性人身保险产品，按照以下规定执行：

（一）保险公司开办一年期以上返还性人身保险产品，在保险监管部门出具备案回执或批复文件前依法取得的保费收入，属于《财政部 国家税务总局关于一年期以上返还性人身保险产品营业税免税政策的通知》（财税〔2015〕86号）第一条、《营业税改征增值税试点过渡政策的规定》（财税〔2016〕36号印发）第一条第（二十一）项规定的保费收入。

财政部　国家税务总局
关于全面推开营业税改征增值税试点的通知

2016年3月23日　财税〔2016〕36号

附件3：营业税改征增值税试点过渡政策的规定

一、下列项目免征增值税

……

（二十一）保险公司开办的一年期以上人身保险产品取得的保费收入。

一年期以上人身保险，是指保险期间为一年期及以上返还本利的人寿保险、养老年金保险，以及保险期间为一年期及以上的健康保险。

人寿保险，是指以人的寿命为保险标的的人身保险。

……

上述免税政策实行备案管理，具体备案管理办法按照《国家税务总局关于一年期以上返还性人身保险产品免征营业税审批事项取消后有关管理问题的公告》（国家税务总局公告2015年第65号）规定执行。

财政部　国家税务总局
关于一年期以上返还性人身保险产品营业税免税政策的通知

2015年8月3日　财税〔2015〕86号

一、对保险公司开办的一年期以上返还性人身保险产品取得的保费收入免征营业税。

......

三、本通知第一条规定的免税政策实行备案管理。具体备案管理办法由国家税务总局另行制定。

国家税务总局关于一年期以上返还性人身保险产品免征营业税审批事项取消后有关管理问题的公告

2015年9月18日　国家税务总局公告2015年第65号

一、保险公司开办符合财税〔2015〕86号文件规定免税条件的一年期以上返还性人身保险产品，按以下规定向主管税务机关办理免征营业税备案手续：

（一）保险公司应在保险产品享受税收优惠政策的首个纳税申报期内，将备案资料送主管税务机关备案；

（二）在符合减免税条件期间，若保险产品的备案资料内容未发生变化，保险公司不需要再行备案；

（三）保险公司提交的备案资料内容发生变化，如仍符合减免税规定，应在发生变化的次月纳税申报期内，向主管税务机关进行变更备案；如不再符合减免税规定，应当停止享受免税，按照规定进行纳税申报。

二、保险公司提交的备案资料包括：

（一）保监会对保险产品的备案回执或批复文件（复印件）；

（二）保险产品的保险条款；

（三）保险产品费率表；

（四）主管税务机关要求提供的其他相关资料。

第七节　制造业及批发、零售业免税优惠

第 60 集
边销茶生产企业销售自产的边销茶，可以免征增值税吗？

扫码看视频

　　A 公司是一家列入《财政部　税务总局关于继续执行边销茶增值税政策的公告》（财政部　税务总局公告 2021 年第 4 号）附件《适用增值税免税政策的边销茶生产企业名单》的边销茶生产企业。

　　A 公司将自产边销茶销售收入在财务上实行单独核算，2021 年 7 月取得自产边销茶销售收入 50 万元，开具增值税普通发票。

　　提问：林老师，A 公司取得的自产边销茶销售收入，可以免征增值税吗？

林老师解答

可以。

TAX 政策依据

财政部　税务总局
关于继续执行边销茶增值税政策的公告

2021 年 2 月 19 日　财政部　税务总局公告 2021 年第 4 号

一、自 2021 年 1 月 1 日起至 2023 年 12 月 31 日，对边销茶生产企业（企业名单见附件）销售自产的边销茶及经销企业销售的边销茶免征

增值税。

　　本公告所称边销茶，是指以黑毛茶、老青茶、红茶末、绿茶为主要原料，经过发酵、蒸制、加压或者压碎、炒制，专门销往边疆少数民族地区的紧压茶。

划重点　消痛点

　　本案例中，该公司应在财政部　税务总局公告2021年第4号附件《适用增值税免税政策的边销茶生产企业名单》中，方可享受边销茶增值税免税优惠政策：

适用增值税免税政策的边销茶生产企业名单

序号	企业名称	企业注册地	序号	企业名称	企业注册地
1	宁波赤岩峰茶业有限公司	浙江省宁海县	10	湖北省洞庄茶业有限公司	湖北省赤壁市
2	新昌县江南诚茂砖茶有限公司	浙江省新昌县	11	宜都市安明有机富锌茶业有限公司	湖北省宜都市
3	浙江武义骆驼九龙砖茶有限公司	浙江省武义县	12	湖北一盅春茶业科技有限公司	湖北省崇阳县
4	浙江景宁慧明红实业发展有限公司	浙江省景宁县	13	湖北省赤壁市思庄茶业股份有限公司	湖北省咸宁市
5	浙江茗达茶业有限公司	浙江省龙游县	14	湖北力沃茶业股份有限公司	湖北省咸宁市
6	信阳市四季香茶业有限公司	河南省光山县	15	湖北富华茶业有限公司	湖北省英山县
7	羊楼洞茶业股份有限公司	湖北省咸宁市	16	咸宁市柏庄茶业有限公司	湖北省咸宁市
8	鑫鼎生物科技有限公司	湖北省宜昌市	17	湖北赤壁赵李桥茶业有限公司	湖北省赤壁市
9	湖北省赵李桥茶厂有限责任公司	湖北省赤壁市	18	咸宁市柏墩生甡川砖茶厂	湖北省咸宁市

第一章 免税优惠行业

续表

序号	企业名称	企业注册地	序号	企业名称	企业注册地
19	咸宁市三山川茶业股份有限公司	湖北省咸宁市	35	城步白云湖生态农业发展有限公司	湖南省城步县
20	临湘市茶业有限责任公司	湖南省临湘市	36	安化怡清源茶业有限公司	湖南省安化县
21	岳阳三湘茶业有限公司	湖南省临湘市	37	湖南金湘叶茶业股份有限公司	湖南省益阳市
22	湖南省临湘永巨茶业有限公司	湖南省临湘市	38	湖南阿香茶果食品有限公司	湖南省安化县
23	湖南紫艺茶业有限公司	湖南省沅陵县	39	广西金花茶业有限公司	广西横县
24	沅陵县天湖茶业开发有限公司	湖南省沅陵县	40	广西南山白毛茶业有限公司	广西横县
25	湖南省明伦茶业有限公司	湖南省临湘市	41	广西顺来茶业有限公司	广西横县
26	湖南省白沙溪茶厂股份有限公司	湖南省益阳市	42	广西梧州茂圣茶业有限公司	广西梧州市
27	益阳茶厂有限公司	湖南省益阳市	43	广西梧州圣源茶业有限公司	广西梧州市
28	湖南益阳香炉山茶业股份有限公司	湖南省益阳市	44	广西壮族自治区梧州茶厂	广西梧州市
29	中茶湖南安化第一茶厂有限公司	湖南省安化县	45	四川省平武雪宝顶茶业（集团）有限责任公司	四川省平武县
30	会同瑞春茶业有限公司	湖南省会同县	46	雅安茶厂股份有限公司	四川省雅安市
31	湖南官庄干发茶业有限公司	湖南省沅陵县	47	四川吉祥茶业有限公司	四川省雅安市
32	湖南浩茗茶业食品有限公司	湖南省桃江县	48	雅安市蔡龙茶厂	四川省雅安市
33	安化连心岭茶业有限公司	湖南省安化县	49	雅安市名山区西藏朗赛茶厂	四川省雅安市
34	湖南省高马二溪茶业有限公司	湖南省安化县	50	雅安市友谊茶叶有限公司	四川省雅安市

续表

序号	企业名称	企业注册地	序号	企业名称	企业注册地
51	雅安市和龙茶业有限公司	四川省雅安市	58	贵州都云毛尖茶叶有限公司	贵州省都匀市
52	四川雅安周公山茶业有限公司	四川省雅安市	59	都匀市高寨水库茶场有限公司	贵州省都匀市
53	四川省雅安义兴藏茶有限公司	四川省雅安市	60	贵州梵锦茶业有限公司	贵州省松桃县
54	四川省洪雅县松潘民族茶厂	四川省洪雅县	61	云南下关沱茶（集团）股份有限公司	云南省大理市
55	四川省茶业集团股份有限公司	四川省宜宾市	62	临沧天下茶都茶业有限公司	云南省临沧市
56	贵州黔韵福生态茶业有限公司	贵州省凤冈县	63	咸阳泾渭茯茶有限公司	陕西省西咸新区
57	镇宁自治县金瀑农产品开发有限责任公司	贵州省镇宁县			

第61集

实施合同能源管理项目的转让应税货物，可以免征增值税吗？

B公司是一家节能服务公司，实施符合《财政部 国家税务总局关于促进节能服务产业发展增值税、营业税和企业所得税政策问题的通知》（财税〔2010〕110号）规定条件的合同能源管理项目。

B公司将上述项目销售业务在财务上实行单独核算，2021年7月将项目中的增值税应税货物转让给用能企业，取得销售收入100万元，开具增值税普通发票。

提问：林老师，B公司取得的该项销售收入，可以免征增值税吗？

第一章 免税优惠行业

林老师解答

可以。

TAX 政策依据

财政部 国家税务总局关于促进节能服务产业发展增值税、营业税和企业所得税政策问题的通知

2010年12月30日 财税〔2010〕110号

一、关于增值税、营业税政策问题

……

（二）节能服务公司实施符合条件的合同能源管理项目，将项目中的增值税应税货物转让给用能企业，暂免征收增值税。

（三）本条所称"符合条件"是指同时满足以下条件：

1. 节能服务公司实施合同能源管理项目相关技术应符合国家质量监督检验检疫总局和国家标准化管理委员会发布的《合同能源管理技术通则》（GB/T 24915—2010）规定的技术要求；

2. 节能服务公司与用能企业签订《节能效益分享型》合同，其合同格式和内容，符合《合同法》和国家质量监督检验检疫总局和国家标准化管理委员会发布的《合同能源管理技术通则》（GB/T 24915—2010）等规定。

……

三、本通知自2011年1月1日起执行。

第62集 黄金销售收入可以免征增值税吗？

C公司是一家黄金生产和经营单位，生产销售符合《财政部 国家税务总局关于黄金税收政策问题的通知》（财税〔2002〕142号）规定条件的黄金。

C公司将上述黄金销售业务在财务上实行单独核算，2021年7月销售上述黄金取得销售收入200万元，开具增值税普通发票。

提问：林老师，C公司取得的该项销售收入，可以免征增值税吗？

林老师解答

可以。

政策依据

财政部 国家税务总局关于黄金税收政策问题的通知
2002年9月12日 财税〔2002〕142号

一、黄金生产和经营单位销售黄金（不包括以下品种：成色AU9999、AU9995、AU999、AU995；规格为50克、100克、1公斤、3公斤、12.5公斤的黄金，以下简称标准黄金）和黄金矿砂（含伴生金），免征增值税；……

第一章　免税优惠行业

划重点　消痛点

本案例中，假定该公司于 2021 年 8 月进口黄金（含标准黄金）和黄金矿砂，也可以免征进口环节增值税。

第 63 集

销售含有伴生金的货物，可以申请伴生金免征增值税吗？

扫码看视频

D 公司是一家黄金生产和经营单位，销售含有伴生金的货物，能够取得伴生金含量的有效证明，分别核算伴生金和其他成分的销售额。

D 公司于 2021 年 7 月销售含有伴生金的货物取得收入 90 万元，其中伴生金销售收入 35 万元、其他成分销售收入 55 万元，开具增值税普通发票。

提问：林老师，D 公司取得的该项销售收入，可以申请伴生金免征增值税吗？

林老师解答

伴生金销售收入可以，其他成分销售收入不可以。

TAX 政策依据

国家税务总局关于纳税人销售伴生金有关增值税问题的公告

2011 年 1 月 24 日　国家税务总局公告 2011 年第 8 号

《财政部　国家税务总局关于黄金税收政策问题的通知》（财税

〔2002〕142号）第一条所称伴生金，是指黄金矿砂以外的其他矿产品、冶炼中间产品和其他可以提炼黄金的原料中所伴生的黄金。

纳税人销售含有伴生金的货物并申请伴生金免征增值税的，应当出具伴生金含量的有效证明，分别核算伴生金和其他成分的销售额。

本公告自2011年2月1日起执行。……

划重点 消痛点

本案例中，该公司销售含有伴生金的货物，其中取得的伴生金销售收入35万元，可以申请伴生金免征增值税；其他成分销售收入55万元，应按规定计算缴纳增值税。

第八节　其他行业免税优惠

第 64 集

自来水厂受主管部门委托随水费收取的污水处理费，可以免征增值税吗？

扫码看视频

P 公司是一家自来水厂，受主管部门委托随水费收取污水处理费，2021 年 6 月收取污水处理费 50 万元。

提问：林老师，P 公司收取的污水处理费，可以免征增值税吗？

林老师解答

可以。

政策依据

财政部　国家税务总局
关于污水处理费有关增值税政策的通知

2001 年 6 月 19 日　财税〔2001〕97 号

为了切实加强和改进城市供水、节水和水污染防治工作，促进社会经济的可持续发展，加快城市污水处理设施的建设步伐，根据《国务院关于加强城市供水节水和水污染防治工作的通知》（国发〔2000〕36 号）的法规，对各级政府及主管部门委托自来水厂（公司）随水费收取的污水处理费，免征增值税。

溪发说税之增值税优惠篇

第65集
供电企业在收取电价时一并向用户收取的农村电网维护费，可以免征增值税吗？

S公司是一家供电企业，在收取电价时一并向用户收取农村电网维护费，2021年6月收取农村电网维护费120万元。

提问：林老师，S公司收取的农村电网维护费，可以免征增值税吗？

林老师解答

可以。

TAX 政策依据

国家税务总局关于农村电网维护费征免增值税问题的通知

2009年10月23日 国税函〔2009〕591号

根据《财政部 国家税务总局关于免征农村电网维护费增值税问题的通知》（财税字〔1998〕47号）规定，对农村电管站在收取电价时一并向用户收取的农村电网维护费（包括低压线路损耗和维护费以及电工经费）免征增值税。

鉴于部分地区农村电网维护费改由其他单位收取后，只是收费的主体发生了变化，收取方法、对象以及使用用途均未发生变化，为保持政策的一致性，对其他单位收取的农村电网维护费免征增值税，不得开具增值税专用发票。

第 66 集
向农村居民供水取得的收入可以免征增值税吗？

F公司是一家饮水工程运营管理单位，该饮水工程是为农村居民提供生活用水而建设的供水工程设施。

F公司既向城镇居民供水，又向农村居民供水，2021年7月取得供水总收入300万元，其中向农村居民供水取得的收入占供水总收入的比例为40%。

提问：林老师，F公司向农村居民供水取得的收入，可以免征增值税吗？

林老师解答

F公司向农村居民供水取得的收入120万元（300万元×40%），免征增值税。

TAX 政策依据

财政部　税务总局关于继续实行农村饮水安全工程税收优惠政策的公告

2019年4月15日　财政部　税务总局公告2019年第67号

四、对饮水工程运营管理单位向农村居民提供生活用水取得的自来水销售收入，免征增值税。

……

六、本公告所称饮水工程，是指为农村居民提供生活用水而建设的供水工程设施。本公告所称饮水工程运营管理单位，是指负责饮水工程运营管理的自来水公司、供水公司、供水（总）站（厂、中心）、村集体、农民用水合作组织等单位。

对于既向城镇居民供水，又向农村居民供水的饮水工程运营管理单位，依据向农村居民供水收入占总供水收入的比例免征增值税；……无法提供具体比例或所提供数据不实的，不得享受上述税收优惠政策。

……

八、上述政策（第五条除外）自2019年1月1日至2020年12月31日执行。

财政部　税务总局
关于延长部分税收优惠政策执行期限的公告

2021年3月15日　财政部　税务总局公告2021年第6号

一、《财政部　税务总局关于设备　器具扣除有关企业所得税政策的通知》（财税〔2018〕54号）等16个文件规定的税收优惠政策凡已经到期的，执行期限延长至2023年12月31日，详见附件1。

附件1：

财税〔2018〕54号等16个文件

序号	文件名称	备注
……	……	……
8	《财政部　税务总局关于继续实行农村饮水安全工程税收优惠政策的公告》（财政部　税务总局公告2019年第67号）	

划重点　消痛点

本案例中，该公司享受免征增值税优惠政策的不是总供水收入300万元，而是依据向农村居民供水收入占总供水收入的比例40%计算得出的向农村居民供水取得的收入120万元（300万元×40%）。

第 67 集

动漫软件出口收入可以免征增值税吗?

G 公司是一家符合《文化部 财政部 国家税务总局关于印发〈动漫企业认定管理办法(试行)〉的通知》(文市发〔2008〕51 号)等文件规定条件的动漫企业,生产的动漫软件符合《财政部 国家税务总局关于软件产品增值税政策的通知》(财税〔2011〕100 号)对软件产品的相关规定。

G 公司单独核算上述动漫软件出口销售收入,2021 年 7 月取得动漫软件出口收入 400 万元。

提问:林老师,G 公司取得的动漫软件出口收入,可以免征增值税吗?

林老师解答

可以。

政策依据

财政部 国家税务总局关于延续动漫产业增值税政策的通知

2018 年 4 月 19 日 财税〔2018〕38 号

三、动漫软件出口免征增值税。

四、动漫软件,按照《财政部 国家税务总局关于软件产品增值税政策的通知》(财税〔2011〕100 号)中软件产品相关规定执行。

动漫企业和自主开发、生产动漫产品的认定标准和认定程序,按照《文化部 财政部 国家税务总局关于印发〈动漫企业认定管理办法(试行)〉的通知》(文市发〔2008〕51 号)的规定执行。

知识链接

1. 动漫企业包括哪些企业？

根据《文化部 财政部 国家税务总局关于印发〈动漫企业认定管理办法（试行）〉的通知》（文市发〔2008〕51号）第四条的规定，动漫企业包括：

1. 漫画创作企业；
2. 动画创作、制作企业；
3. 网络动漫（含手机动漫）创作、制作企业；
4. 动漫舞台剧（节）目制作、演出企业；
5. 动漫软件开发企业；
6. 动漫衍生产品研发、设计企业。

2. 申请认定为动漫企业的标准是什么？

根据文市发〔2008〕51号文件第十条的规定，申请认定为动漫企业的应同时符合以下标准：

1. 在我国境内依法设立的企业；
2. 动漫企业经营动漫产品的主营收入占企业当年总收入的60%以上；
3. 自主开发生产的动漫产品收入占主营收入的50%以上；
4. 具有大学专科以上学历的或通过国家动漫人才专业认证的、从事动漫产品开发或技术服务的专业人员占企业当年职工总数的30%以上，其中研发人员占企业当年职工总数的10%以上；

5. 具有从事动漫产品开发或相应服务等业务所需的技术装备和工作场所；

6. 动漫产品的研究开发经费占企业当年营业收入8%以上；

7. 动漫产品内容积极健康，无法律法规禁止的内容；

8. 企业产权明晰，管理规范，守法经营。

3. 动漫产品包括哪些产品？

根据文市发〔2008〕51号文件第五条的规定，动漫产品包括：

1. 漫画：单幅和多格漫画、插画、漫画图书、动画抓帧图书、漫画报刊、漫画原画等；

2. 动画：动画电影、动画电视剧、动画短片、动画音像制品，影视特效中的动画片段，科教、军事、气象、医疗等影视节目中的动画片段等；

3. 网络动漫（含手机动漫）：以计算机互联网和移动通信网等信息网络为主要传播平台，以电脑、手机及各种手持电子设备为接受终端的动画、漫画作品，包括FLASH动画、网络表情、手机动漫等；

4. 动漫舞台剧（节）目：改编自动漫平面与影视等形式作品的舞台演出剧（节）目、采用动漫造型或含有动漫形象的舞台演出剧（节）目等；

5. 动漫软件：漫画平面设计软件、动画制作专用软件、动画后期音视频制作工具软件等；

6. 动漫衍生产品：与动漫形象有关的服装、玩具、文具、电子游戏等。

第 68 集

军队空余房产租赁收入可以免征增值税吗？

L 部队房屋管理机构出租军队空余房产，2021 年 5 月取得租金收入 15 万元。

提问：林老师，L 部队房屋管理机构取得的军队空余房产租金收入，可以免征增值税吗？

林老师解答

可以。

政策依据

财政部　国家税务总局
关于全面推开营业税改征增值税试点的通知

2016 年 3 月 23 日　财税〔2016〕36 号

附件 3：营业税改征增值税试点过渡政策的规定

一、下列项目免征增值税

……

（三十三）军队空余房产租赁收入。

第一章 免税优惠行业

第 69 集
军队系统内部销售特定物资，可以免征增值税吗？

H公司为军队系统所属企业，生产的钢材按军品作价原则作价在军队系统内部销售。

H公司单独核算上述钢材销售收入，2021年8月取得钢材销售收入600万元，开具增值税普通发票。

提问：林老师，H公司取得的该项销售收入，可以免征增值税吗？

林老师解答

可以。

政策依据

财政部　国家税务总局
关于军队系统所属企业征收增值税问题的通知
1997年11月27日　财税〔1997〕135号

军队系统所属企业生产并按军品作价原则作价在军队系统内部调拨或销售的钢材、木材、水泥、煤炭、营具、药品、锅炉、缝纫机械免征增值税。

第70集 军队内部调拨供应物资，可以免征增值税吗？

扫码看视频

甲物资供应站属于军队物资供应机构，2021年8月使用军队的物资调拨计价单在军队系统内部调拨供应物资，未开具增值税专用发票。

该供应站单独核算上述调拨供应物资业务。

提问：林老师，该供应站在军队系统内部调拨供应物资，可以免征增值税吗？

林老师解答

可以。

TAX 政策依据

国家税务总局关于军队物资供应机构征收增值税有关问题的通知

1994年5月7日　国税发〔1994〕121号

二、军队物资供应机构在军队系统（包括军队各级机关、部队、院校、医院、科研文化单位、干休所、仓库、供应站、企业化工厂、军办厂矿、农场、马场、招待所等各类单位）内部调拨供应物资，原则上使用军队的物资调拨计价单，军队内部调拨供应物资免征增值税。……

第一章 免税优惠行业

划重点 消痛点

本案例中,假定甲物资供应站调拨供应生产用物资给军队企业化工厂、军办厂矿等单位,购货方要求开具增值税专用发票的,则可予开具增值税专用发票,但开具增值税专用发票的销售收入均应按规定缴纳增值税。

第71集 军需工厂之间为生产军品而互相协作的产品,可以免征增值税吗?

乙工厂和丙工厂均为军需工厂。

乙工厂、丙工厂为生产军品而互相协作,乙工厂于2021年8月供应产品给丙工厂,未开具增值税专用发票。

提问:林老师,乙工厂供应产品给丙工厂,可以免征增值税吗?

林老师解答

可以。

TAX 政策依据

财政部 国家税务总局
关于军队、军工系统所属单位征收流转税、资源税问题的通知
1994年4月22日 财税字〔1994〕11号

一、增值税

99

溪发说税之增值税优惠篇

（一）军队系统（包括人民武装警察部队）
……
3. 军需工厂之间为生产军品而互相协作的产品免征增值税。

划重点　消痛点

根据财税字〔1994〕11号文件第一条第（一）项第4目的规定，军队系统各单位从事加工、修理修配武器及其零配件、弹药、军训器材、部队装备的业务收入，免征增值税。

第72集　公安、司法部门所属单位销售内部使用产品，可以免征增值税吗？

扫码看视频

　　I公司为公安部所属公安侦察保卫器材厂。
　　I公司于2021年8月将研制生产的列明代号的侦察保卫器材产品（已报国家税务总局审核批准后下发）销售给公安、司法以及国家安全系统使用，取得销售收入300万元，开具增值税普通发票。
　　I公司单独核算上述侦察保卫器材产品销售业务。
　　提问：林老师，I公司取得的该项销售收入，可以免征增值税吗？

第一章 免税优惠行业

林老师解答

可以。

TAX 政策依据

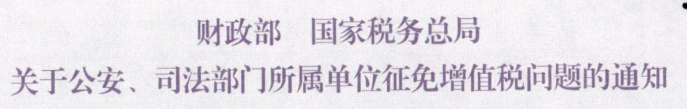

> 财政部 国家税务总局
> 关于公安、司法部门所属单位征免增值税问题的通知
> 1994年6月1日 财税字〔1994〕29号
> 一、公安部所属研究所、公安侦察保卫器材厂研制生产的列明代号的侦察保卫器材产品（每年新增部分报国家税务总局审核批准后下发）凡销售给公安、司法以及国家安全系统使用的，免征增值税；……

划重点 消痛点

本案例中，假定该公司于2021年8月将其研制生产的列明代号的侦察保卫器材产品销售给其他单位，取得销售收入300万元，则该项销售收入应按规定计算缴纳增值税。

第二章 免税优惠项目

第一节 免税销售无形资产

第 73 集

个人转让著作权取得的收入，可以免征增值税吗？

扫码看视频

郑女士是一位作家，2021 年 4 月将其一本小说的著作权转让，取得转让收入 15 万元。

提问：林老师，郑女士取得的著作权转让收入，可以免征增值税吗？

林老师解答

可以。

TAX 政策依据

财政部 国家税务总局
关于全面推开营业税改征增值税试点的通知

2016 年 3 月 23 日 财税〔2016〕36 号

附件 3：营业税改征增值税试点过渡政策的规定

一、下列项目免征增值税

……

（十四）个人转让著作权。

第74集 专利技术转让收入可以免征增值税吗？

J公司于2021年5月转让专利技术，取得转让收入50万元，该技术转让属于《销售服务、无形资产、不动产注释》（财税〔2016〕36号附件1中的附）中"转让技术"范围内的业务活动。

提问：林老师，J公司取得的专利技术转让收入，可以免征增值税吗？

林老师解答

可以。

政策依据

财政部　国家税务总局
关于全面推开营业税改征增值税试点的通知

2016年3月23日　财税〔2016〕36号

附件3：营业税改征增值税试点过渡政策的规定
一、下列项目免征增值税
……
（二十六）纳税人提供技术转让、技术开发和与之相关的技术咨询、技术服务。

1.技术转让、技术开发，是指《销售服务、无形资产、不动产注释》中"转让技术""研发服务"范围内的业务活动。……

划重点　消痛点

本案例中，该公司申请免征增值税时，须持技术转让、开发的书面合同，到所在地省级科技主管部门进行认定，并持有关的书面合同和科技主管部门审核意见证明文件报主管税务机关备查。

第 75 集

出让土地使用权可以免征增值税吗？

乙市自然资源和规划局于 2021 年 5 月公开出让一幅地块的国有建设用地使用权，取得土地出让金 20 亿元。

提问：林老师，乙市自然资源和规划局取得的土地出让金，可以免征增值税吗？

林老师解答

可以。

政策依据

财政部　国家税务总局
关于全面推开营业税改征增值税试点的通知

2016 年 3 月 23 日　财税〔2016〕36 号

附件 3：营业税改征增值税试点过渡政策的规定

一、下列项目免征增值税

……

（三十七）土地所有者出让土地使用权……

第二章 免税优惠项目

划重点 消痛点

根据财税〔2016〕36号文件附件3《营业税改征增值税试点过渡政策的规定》第一条第（三十七）项的规定，土地使用者将土地使用权归还给土地所有者，也可以享受免征增值税优惠政策。

第76集 出让海域使用权可以免征增值税吗？

丙县自然资源和规划局于2021年5月公开出让一宗海域使用权，取得海域使用权出让金4亿元。

提问：林老师，丙县自然资源和规划局取得的海域使用权出让金，可以免征增值税吗？

林老师解答

可以。

TAX 政策依据

财政部 国家税务总局
关于全面推开营业税改征增值税试点的通知

2016年3月23日 财税〔2016〕36号

附件3：营业税改征增值税试点过渡政策的规定

一、下列项目免征增值税

……

105

(三十八）县级以上地方人民政府或自然资源行政主管部门出让、转让或收回自然资源使用权（不含土地使用权）。

划重点　消痛点

本案例中，假定该县自然资源和规划局于2021年7月取得矿产资源专项收入1000万元，则该项收入也可以享受免征增值税优惠政策。

知识链接

国有土地使用权出让收入等四项非税收入划转税务部门征收

根据财政部、自然资源部、税务总局、人民银行《关于将国有土地使用权出让收入、矿产资源专项收入、海域使用金、无居民海岛使用金四项政府非税收入划转税务部门征收有关问题的通知》（财综〔2021〕19号）第一条的规定，将由自然资源部门负责征收的国有土地使用权出让收入、矿产资源专项收入、海域使用金、无居民海岛使用金四项政府非税收入（以下简称四项政府非税收入），全部划转给税务部门负责征收。自然资源部（本级）按照规定负责征收的矿产资源专项收入、海域使用金、无居民海岛使用金，同步划转税务部门征收。

根据财综〔2021〕19号文件第二条的规定，先试点后推开。自2021年7月1日起，选择在河北、内蒙古、上海、浙江、安徽、青岛、云南省（自治区、直辖市、计划单列市）以省（区、市）为单位开展征管职责划转试点，探索完善征缴流程、职责分工等，为全面推开划转工作积累经验。暂未开展征管划转试点地区要积极做好四项政府非税收入征收划转准备工作，自2022年1月1日起全面实施征管划转工作。

第二节　免税销售不动产

第 77 集　个人将购买 2 年以上的住房转让所取得的收入，可以免征增值税吗？

洪先生于 2018 年 8 月在 A 市（北京市、上海市、广州市和深圳市以外的地区）以 400 万元购买一套住房。

洪先生于 2021 年 3 月将该套住房转让，取得收入 425 万元。

提问：林老师，洪先生取得的住房转让收入，可以免征增值税吗？

林老师解答

可以。

政策依据

财政部　国家税务总局
关于全面推开营业税改征增值税试点的通知

2016 年 3 月 23 日　财税〔2016〕36 号

附件 3：营业税改征增值税试点过渡政策的规定

五、……个人将购买 2 年以上（含 2 年）的住房对外销售的，免征增值税。上述政策适用于北京市、上海市、广州市和深圳市之外的地区。

> **划重点　消痛点**

本案例中，假定洪先生 2021 年 3 月转让的该套住房于 2019 年 11 月购入，则因其对外销售的住房购买不足 2 年，取得的转让收入应按照 5% 的征收率全额缴纳增值税。

第 78 集
个人销售自建自用住房取得的收入，可以免征增值税吗？

郭先生于 2019 年 10 月自建一栋住房用于自住，2021 年 4 月将该住房转让，取得转让收入 200 万元。

提问：林老师，郭先生取得的该住房转让收入，可以免征增值税吗？

林老师解答

可以。

政策依据

财政部　国家税务总局
关于全面推开营业税改征增值税试点的通知

2016 年 3 月 23 日　财税〔2016〕36 号

附件 3：营业税改征增值税试点过渡政策的规定

一、下列项目免征增值税

……

（十五）个人销售自建自用住房。

第二章 免税优惠项目

划重点 消痛点

本案例中，郭先生销售自建自用住房享受免征增值税优惠政策，相关政策未规定"自建自用住房"的销售时限；而前面第77集案例中洪先生转让住房享受免征增值税优惠政策，需满足该套住房对外销售时已购买2年以上（含2年）的条件。

第79集 继承房产可以免征增值税吗？

张先生的父亲于2021年5月去世，其名下有一套房产，张先生作为法定继承人依法取得该房屋产权。

提问：林老师，张先生继承房产，可以免征增值税吗？

林老师解答

可以。

政策依据

财政部 国家税务总局
关于全面推开营业税改征增值税试点的通知
2016年3月23日 财税〔2016〕36号

附件3：营业税改征增值税试点过渡政策的规定
一、下列项目免征增值税
……

(三十六)涉及家庭财产分割的个人无偿转让不动产、土地使用权。家庭财产分割,包括下列情形:离婚财产分割;无偿赠与配偶、父母、子女、祖父母、外祖父母、孙子女、外孙子女、兄弟姐妹;无偿赠与对其承担直接抚养或者赡养义务的抚养人或者赡养人;房屋产权所有人死亡,法定继承人、遗嘱继承人或者受遗赠人依法取得房屋产权。

第80集

房改售房收入可以免征增值税吗?

为配合国家住房制度改革,B公司于2021年5月按房改标准价向职工出售住房,取得销售收入500万元。

提问:林老师,B公司取得的房改售房收入,可以免征增值税吗?

林老师解答

可以。

政策依据

财政部 国家税务总局
关于全面推开营业税改征增值税试点的通知

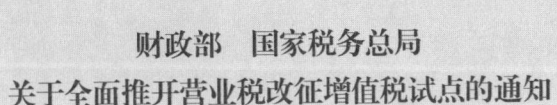

2016年3月23日 财税〔2016〕36号

附件3:营业税改征增值税试点过渡政策的规定

一、下列项目免征增值税

……

(三十四)为了配合国家住房制度改革,企业、行政事业单位按房改成本价、标准价出售住房取得的收入。

第二章 免税优惠项目

第 81 集 企业取得被征收的土地及其相关房产、附属设施收购补偿款，可以免征增值税吗？

扫码看视频

C 公司位于甲市，2020 年 11 月甲市政府组织实施交通基础设施建设，对 C 公司的土地使用权进行征收。

根据签订的《国有土地使用权及地上附着物收购合同》的规定，C 公司于 2021 年 2 月取得土地及其相关房产、附属设施收购补偿款 3200 万元。

提问：林老师，C 公司取得的征收补偿款，可以免征增值税吗？

林老师解答

可以。

TAX 政策依据

财政部　税务总局
关于明确无偿转让股票等增值税政策的公告

2020 年 9 月 29 日　财政部　税务总局公告 2020 年第 40 号

三、土地所有者依法征收土地，并向土地使用者支付土地及其相关有形动产、不动产补偿费的行为，属于《营业税改征增值税试点过渡政策的规定》（财税〔2016〕36 号印发）第一条第（三十七）项规定的土地使用者将土地使用权归还给土地所有者的情形。

111

财政部　国家税务总局
关于全面推开营业税改征增值税试点的通知

2016年3月23日　财税〔2016〕36号

附件3：营业税改征增值税试点过渡政策的规定

一、下列项目免征增值税

……

（三十七）土地所有者出让土地使用权和土地使用者将土地使用权归还给土地所有者。

第三节　免税的股票转让收入、彩票发行收入

第 82 集　个人买卖股票收入可以免征增值税吗？

朱女士于 2021 年 1 月买入境内甲上市公司发行的股票 2 万股，买入价为每股 10 元。

2021 年 2 月朱女士将该 2 万股股票全部转让，卖出价为每股 12 元。

提问：林老师，朱女士转让股票收入，可以免征增值税吗？

林老师解答

可以。

政策依据

财政部　国家税务总局
关于全面推开营业税改征增值税试点的通知

2016 年 3 月 23 日　财税〔2016〕36 号

附件 3：营业税改征增值税试点过渡政策的规定

一、下列项目免征增值税

……

（二十二）下列金融商品转让收入。

……

5. 个人从事金融商品转让业务。

划重点 消痛点

本案例中，假定该2万股股票转让方为境内企业乙公司，则该公司转让股票取得的收入，应按规定计算缴纳增值税。

根据财税〔2016〕36号文件附件3《营业税改征增值税试点过渡政策的规定》第一条第（二十二）项的规定，享受免征增值税优惠政策的金融商品转让收入，除了本案例中的个人从事金融商品转让业务之外，还包括以下转让收入：

1. 合格境外投资者（QFII）委托境内公司在我国从事证券买卖业务。

2. 香港市场投资者（包括单位和个人）通过沪港通买卖上海证券交易所上市A股。

3. 对香港市场投资者（包括单位和个人）通过基金互认买卖内地基金份额。

4. 证券投资基金（封闭式证券投资基金，开放式证券投资基金）管理人运用基金买卖股票、债券。

知识链接

什么是金融商品转让？

根据财税〔2016〕36号文件附件1《营业税改征增值税试点实施办法》附：《销售服务、无形资产、不动产注释》第一条第（五）项第4目的规定，金融商品转让，是指转让外汇、有价证券、非货物期货和其他金融商品所有权的业务活动。

第二章 免税优惠项目

第 83 集
福利彩票发行收入可以免征增值税吗?

K 福利彩票发行中心是一家福利彩票发行销售管理机构,2021 年 5 月发行彩票,取得发行收入 300 万元。

提问:林老师,K 福利彩票发行中心取得的福利彩票发行收入,可以免征增值税吗?

林老师解答

可以。

政策依据

财政部 国家税务总局
关于全面推开营业税改征增值税试点的通知

2016 年 3 月 23 日 财税〔2016〕36 号

附件 3:营业税改征增值税试点过渡政策的规定

一、下列项目免征增值税

……

(三十二)福利彩票、体育彩票的发行收入。

第四节　安置随军家属、军队转业干部的免税优惠

第 84 集

安置随军家属就业的企业提供应税服务取得的收入，可以免征增值税吗？

D 公司是一家为安置随军家属就业而新开办的餐饮企业，自领取税务登记证之日起 3 年内，随军家属占 D 公司总人数的 60% 以上，并有军级政治和后勤机关出具的证明。

提问：林老师，D 公司自领取税务登记证之日起 3 年内提供应税服务取得的服务收入，可以免征增值税吗？

林老师解答

可以。

TAX 政策依据

财政部　国家税务总局
关于全面推开营业税改征增值税试点的通知

2016 年 3 月 23 日　财税〔2016〕36 号

附件 3：营业税改征增值税试点过渡政策的规定

一、下列项目免征增值税

……

（三十九）随军家属就业。

1. 为安置随军家属就业而新开办的企业，自领取税务登记证之日

起，其提供的应税服务 3 年内免征增值税。

享受税收优惠政策的企业，随军家属必须占企业总人数的 60%（含）以上，并有军（含）以上政治和后勤机关出具的证明。

延伸案例

从事个体经营的随军家属提供应税服务取得的收入，可以免征增值税吗？

黄女士属于随军家属，持有师以上政治机关出具的可以表明其身份的证明。2021 年 7 月黄女士开办丙个体工商户从事个体经营，该个体工商户于当月办妥税务登记。

提问： 林老师，该个体工商户自领取税务登记证之日起 3 年内提供应税服务取得的服务收入，可以免征增值税吗？

林老师解答

可以。

TAX 政策依据

财政部　国家税务总局
关于全面推开营业税改征增值税试点的通知

2016 年 3 月 23 日　财税〔2016〕36 号

附件3：营业税改征增值税试点过渡政策的规定
一、下列项目免征增值税
……
（三十九）随军家属就业。

2. 从事个体经营的随军家属，自办理税务登记事项之日起，其提供的应税服务3年内免征增值税。

随军家属必须有师以上政治机关出具的可以表明其身份的证明。

第85集 安置自主择业的军队转业干部就业的企业提供应税服务取得的收入，可以免征增值税吗？

E公司是一家为安置自主择业的军队转业干部而新开办的物业管理企业，自领取税务登记证之日起3年内，自主择业的军队转业干部占E公司总人数的60%以上，并有师以上部队颁发的转业证件。

提问：林老师，E公司自领取税务登记证之日起3年内提供应税服务取得的收入，可以免征增值税吗？

林老师解答

可以。

政策依据

财政部　国家税务总局
关于全面推开营业税改征增值税试点的通知
2016年3月23日　财税〔2016〕36号

附件3：营业税改征增值税试点过渡政策的规定

一、下列项目免征增值税

……

第二章 免税优惠项目

（四十）军队转业干部就业。

……

2.为安置自主择业的军队转业干部就业而新开办的企业，凡安置自主择业的军队转业干部占企业总人数60%（含）以上的，自领取税务登记证之日起，其提供的应税服务3年内免征增值税。

享受上述优惠政策的自主择业的军队转业干部必须持有师以上部队颁发的转业证件。

划重点　消痛点

根据财税〔2016〕36号文件附件3《营业税改征增值税试点过渡政策的规定》第一条第（四十）项的规定，享受免征增值税优惠政策的军队转业干部就业，除了本案例中的为安置自主择业的军队转业干部就业而新开办的企业提供的应税服务之外，还包括以下应税服务：

从事个体经营的军队转业干部，自领取税务登记证之日起，其提供的应税服务3年内免征增值税。

第五节　免税的利息补贴收入、资金无偿借贷行为

第86集　国家商品储备管理单位取得的利息补贴收入，可以免征增值税吗？

F 公司是一家国家商品储备管理单位，2021年5月从中央财政取得利息补贴收入1000万元，该利息补贴收入是 F 公司因承担中央储备食用油储备任务从金融机构贷款，并从中央财政取得的用于偿还贷款利息的贴息收入。

提问：林老师，F 公司取得的该项利息补贴收入，可以免征增值税吗？

林老师解答

可以。

政策依据

财政部　国家税务总局
关于全面推开营业税改征增值税试点的通知

2016年3月23日　财税〔2016〕36号

附件3：营业税改征增值税试点过渡政策的规定

一、下列项目免征增值税

……

（二十五）国家商品储备管理单位及其直属企业承担商品储备任

第二章　免税优惠项目

务，从中央或者地方财政取得的利息补贴收入和价差补贴收入。

国家商品储备管理单位及其直属企业，是指接受中央、省、市、县四级政府有关部门（或者政府指定管理单位）委托，承担粮（含大豆）、食用油、棉、糖、肉、盐（限于中央储备）等6种商品储备任务，并按有关政策收储、销售上述6种储备商品，取得财政储备经费或者补贴的商品储备企业。利息补贴收入，是指国家商品储备管理单位及其直属企业因承担上述商品储备任务从金融机构贷款，并从中央或者地方财政取得的用于偿还贷款利息的贴息收入。……

划重点　消痛点

本案例中，假定该公司承担商品储备任务，2021年8月从中央财政取得价差补贴收入2000万元，可以免征增值税吗？

可以！

第87集　资金无偿借贷行为可以免征增值税吗？

甲公司、乙公司属于A集团公司控制下的两个子公司。

甲公司于2021年1月将其自有资金2000万元无偿借给乙公司使用。

提问：林老师，甲公司将资金无偿借给乙公司使用，可以免征增值税吗？

林老师解答

可以。

TAX 政策依据

财政部　税务总局关于明确养老机构免征增值税等政策的通知

2019年2月2日　财税〔2019〕20号

三、自2019年2月1日至2020年12月31日，对企业集团内单位（含企业集团）之间的资金无偿借贷行为，免征增值税。

财政部　税务总局关于延长部分税收优惠政策执行期限的公告

2021年3月15日　财政部　税务总局公告2021年第6号

一、《财政部　税务总局关于设备　器具扣除有关企业所得税政策的通知》（财税〔2018〕54号）等16个文件规定的税收优惠政策凡已经到期的，执行期限延长至2023年12月31日，详见附件1。

附件1：

财税〔2018〕54号等16个文件

序号	文件名称	备注
……	……	……
12	《财政部　税务总局关于明确养老机构免征增值税等政策的通知》（财税〔2019〕20号）	

划重点　消痛点

本案例中，假定A集团公司于2021年8月将其自有资金5000万元无偿借给乙公司使用，也可以免征增值税。

第六节　免税的勤工俭学收入、残疾人取得收入

第 88 集
学生勤工俭学取得的服务收入，可以免征增值税吗？

扫码看视频

小刘是一名在校大学生，2021 年 4 月参加学校组织的勤工俭学活动，提供家教服务，取得服务收入 1500 元。

提问：林老师，小刘勤工俭学取得的该项服务收入，可以免征增值税吗？

林老师解答

可以。

TAX 政策依据

财政部　国家税务总局
关于全面推开营业税改征增值税试点的通知

2016 年 3 月 23 日　财税〔2016〕36 号

附件 3：营业税改征增值税试点过渡政策的规定

一、下列项目免征增值税

……

（九）学生勤工俭学提供的服务。

123

第89集
残疾人为社会提供服务取得的收入，可以免征增值税吗？

洪先生是在法定劳动年龄内，持有《中华人民共和国残疾人证》的自然人，其本人为社会提供服务，2021年2月取得服务收入3000元。

提问：林老师，洪先生取得的该项服务收入，可以免征增值税吗？

林老师解答

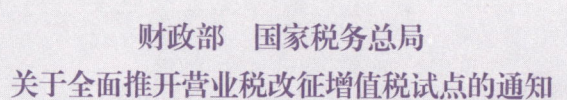

可以。

政策依据

财政部　国家税务总局
关于全面推开营业税改征增值税试点的通知
2016年3月23日　财税〔2016〕36号
附件3：营业税改征增值税试点过渡政策的规定
一、下列项目免征增值税
……
（六）残疾人员本人为社会提供的服务。

第二章 免税优惠项目

第 90 集 残疾人提供加工、修理修配劳务取得的收入，可以免征增值税吗？

郭先生是在法定劳动年龄内，持有《中华人民共和国残疾军人证（1至8级）》的自然人，其本人为乙公司提供加工、修理修配劳务，2021年2月取得收入4000元。

提问：林老师，郭先生取得的该项劳务收入，可以免征增值税吗？

林老师解答

可以。

政策依据

财政部 国家税务总局
关于促进残疾人就业增值税优惠政策的通知
2016年5月5日 财税〔2016〕52号

八、残疾人个人提供的加工、修理修配劳务，免征增值税。

……

十、本通知有关定义

（一）残疾人，是指法定劳动年龄内，持有《中华人民共和国残疾人证》或者《中华人民共和国残疾军人证（1至8级）》的自然人，包括具有劳动条件和劳动意愿的精神残疾人。

（二）残疾人个人，是指自然人。

第七节 免税的行政事业性收费收入、会费收入

第91集

行政事业性收费收入，可以免征增值税吗？

W协会是一家代行政府职能的社会团体，2021年4月按照有关规定取得行政事业性收费60万元，该行政事业性收费符合《营业税改征增值税试点实施办法》（财税〔2016〕36号附件1）第十条规定的条件。

提问：林老师，W协会收取的行政事业性收费，可以免征增值税吗？

林老师解答

可以。

政策依据

财政部　国家税务总局
关于全面推开营业税改征增值税试点的通知

2016年3月23日　财税〔2016〕36号

附件3：营业税改征增值税试点过渡政策的规定
一、下列项目免征增值税
……
（十三）行政单位之外的其他单位收取的符合《试点实施办法》第

十条规定条件的政府性基金和行政事业性收费。

财政部　国家税务总局
关于全面推开营业税改征增值税试点的通知

2016年3月23日　财税〔2016〕36号

附件1：营业税改征增值税试点实施办法

第十条 销售服务、无形资产或者不动产，是指有偿提供服务、有偿转让无形资产或者不动产，但属于下列非经营活动的情形除外：

（一）行政单位收取的同时满足以下条件的政府性基金或者行政事业性收费。

1. 由国务院或者财政部批准设立的政府性基金，由国务院或者省级人民政府及其财政、价格主管部门批准设立的行政事业性收费；

2. 收取时开具省级以上（含省级）财政部门监（印）制的财政票据；

3. 所收款项全额上缴财政。

划重点　消痛点

本案例中，假定该协会2021年8月按照有关规定取得政府性基金80万元，该政府性基金符合《营业税改征增值税试点实施办法》（财税〔2016〕36号附件1）第十条规定的条件。该协会收取的该政府性基金，可以免征增值税吗？

可以！

溪发说税之增值税优惠篇

第 92 集
社会团体收取的会费，可以免征增值税吗？

甲协会是依照国家有关法律法规登记并取得《社会团体法人登记证书》的非营利法人。

该协会于 2021 年 9 月在国家法律法规、政策许可的范围内，依照社团章程的规定，向个人会员、单位会员和团体会员收取会费 60 万元。

提问：林老师，该协会取得的该项会费收入，可以免征增值税吗？

林老师解答

可以。

政策依据

财政部　国家税务总局
关于租入固定资产进项税额抵扣等增值税政策的通知

2017 年 12 月 25 日　财税〔2017〕90 号

八、自 2016 年 5 月 1 日起，社会团体收取的会费，免征增值税。……

社会团体，是指依照国家有关法律法规设立或登记并取得《社会团体法人登记证书》的非营利法人。会费，是指社会团体在国家法律法规、政策许可的范围内，依照社团章程的规定，收取的个人会员、单位会员和团体会员的会费。

第二章 免税优惠项目

划重点　消痛点

本案例中，假定甲协会于2021年8月取得培训收入60万元，可以免征增值税吗？

不可以！

社会团体开展经营服务性活动取得的其他收入，一律照章缴纳增值税。

第八节　免税的跨境收入、涉外项目收入

第 93 集

工程项目在境外的建筑服务取得的收入，可以免征增值税吗？

G 公司是一家注册地在境内的建筑企业，2021 年 1 月承接一项在非洲的建筑工程项目，2021 年 6 月取得建筑服务收入 100 万美元，该建筑服务不适用增值税零税率。

提问：林老师，G 公司取得的境外建筑服务收入，可以免征增值税吗？

林老师解答

可以。

政策依据

财政部　国家税务总局
关于全面推开营业税改征增值税试点的通知

2016 年 3 月 23 日　财税〔2016〕36 号

附件 4：跨境应税行为适用增值税零税率和免税政策的规定

二、境内的单位和个人销售的下列服务和无形资产免征增值税，但财政部和国家税务总局规定适用增值税零税率的除外：

（一）下列服务：

1. 工程项目在境外的建筑服务。

第二章　免税优惠项目

划重点　消痛点

根据财税〔2016〕36号文件附件4《跨境应税行为适用增值税零税率和免税政策的规定》第二条第（一）项的规定，享受免征增值税优惠政策的境内的单位和个人跨境销售服务，除了本案例中的工程项目在境外的建筑服务之外，还包括以下服务：

1. 工程项目在境外的工程监理服务；
2. 工程、矿产资源在境外的工程勘察勘探服务；
3. 会议展览地点在境外的会议展览服务；
4. 存储地点在境外的仓储服务；
5. 标的物在境外使用的有形动产租赁服务；
6. 在境外提供的广播影视节目（作品）的播映服务；
7. 在境外提供的文化体育服务、教育医疗服务、旅游服务。

第94集 为出口货物提供收派服务取得的收入，可以免征增值税吗？

扫码看视频

H公司是一家注册地在境内的快递公司，2021年6月为出口货物提供收派服务，取得服务收入20万元，该收派服务不适用增值税零税率。

提问：林老师，H公司取得的该项服务收入，可以免征增值税吗？

林老师解答

可以。

政策依据

财政部　国家税务总局
关于全面推开营业税改征增值税试点的通知

2016年3月23日　财税〔2016〕36号

附件4：跨境应税行为适用增值税零税率和免税政策的规定
二、境内的单位和个人销售的下列服务和无形资产免征增值税，但财政部和国家税务总局规定适用增值税零税率的除外：
……
（二）为出口货物提供的邮政服务、收派服务、保险服务。

第95集

为境外客户提供法律咨询服务取得的收入，可以免征增值税吗？

V律师事务所注册地在境内，2021年6月为境外客户提供法律咨询服务，取得服务收入30万美元。该咨询服务的实际接受方在境外，且与境内的货物和不动产无关。该咨询服务不适用增值税零税率。

提问：林老师，V律师事务所取得的该项服务收入，可以免征增值税吗？

扫码看视频

第二章 免税优惠项目

林老师解答

可以。

TAX 政策依据

财政部　国家税务总局
关于全面推开营业税改征增值税试点的通知

2016年3月23日　财税〔2016〕36号

附件4：跨境应税行为适用增值税零税率和免税政策的规定

二、境内的单位和个人销售的下列服务和无形资产免征增值税，但财政部和国家税务总局规定适用增值税零税率的除外：

……

（三）向境外单位提供的完全在境外消费的下列服务和无形资产：

……

4.鉴证咨询服务。

……

七、本规定所称完全在境外消费，是指：

（一）服务的实际接受方在境外，且与境内的货物和不动产无关。

划重点　消痛点

根据财税〔2016〕36号文件附件4《跨境应税行为适用增值税零税率和免税政策的规定》第二条第（三）项的规定，享受免征增值税优惠政策的境内的单位和个人向境外单位提供的完全在境外消费的服务和无形资产，除了本案例中的鉴证咨询服务之外，还包括以下七项：

1.电信服务；
2.知识产权服务；

3. 物流辅助服务（仓储服务、收派服务除外）；
4. 专业技术服务；
5. 商务辅助服务；
6. 广告投放地在境外的广告服务；
7. 无形资产。

第96集 以无运输工具承运方式提供国际运输服务取得的收入，可以免征增值税吗？

I公司是一家注册地在境内的运输企业，2021年6月以无运输工具承运方式提供国际运输服务，取得服务收入100万美元，该国际运输服务不适用增值税零税率。

提问：林老师，I公司取得的该项服务收入，可以免征增值税吗？

林老师解答

可以。

政策依据

财政部　国家税务总局
关于全面推开营业税改征增值税试点的通知
2016年3月23日　财税〔2016〕36号
附件4：跨境应税行为适用增值税零税率和免税政策的规定
二、境内的单位和个人销售的下列服务和无形资产免征增值税，但

第二章 免税优惠项目

财政部和国家税务总局规定适用增值税零税率的除外：

……

（四）以无运输工具承运方式提供的国际运输服务。

第 97 集 为境外单位之间的货币资金融通提供直接收费金融服务取得的收入，可以免征增值税吗？

J公司注册地在境内，2021年6月为境外单位之间的货币资金融通提供直接收费金融服务，取得服务收入200万美元。

该服务与境内的货物、无形资产和不动产无关，且不适用增值税零税率。

提问：林老师，J公司取得的该项服务收入，可以免征增值税吗？

林老师解答

可以。

TAX 政策依据

财政部　国家税务总局
关于全面推开营业税改征增值税试点的通知

2016年3月23日　财税〔2016〕36号

附件4：跨境应税行为适用增值税零税率和免税政策的规定

二、境内的单位和个人销售的下列服务和无形资产免征增值税，但财政部和国家税务总局规定适用增值税零税率的除外：

（五）为境外单位之间的货币资金融通及其他金融业务提供的直接收费金融服务，且该服务与境内的货物、无形资产和不动产无关。

第 98 集

外国政府无偿援助项目在华采购物资，可以免征增值税吗？

A 项目为外国政府无偿援助项目，甲公司是为该援助项目提供货物的国内企业。

2021 年 9 月甲公司以不含增值税的价格向该援助项目所需物资的采购方乙公司销售货物，符合《财政部 国家税务总局 外经贸部关于外国政府和国际组织无偿援助项目在华采购物资免征增值税问题的通知》（财税〔2002〕2 号）等相关文件的规定。

提问：林老师，甲公司取得的该项销售货物收入，可以免征增值税吗？

林老师解答

可以。

政策依据

财政部 国家税务总局 外经贸部
关于外国政府和国际组织无偿援助项目在华采购物资
免征增值税问题的通知

2002 年 1 月 11 日 财税〔2002〕2 号

为促进我国接受外国政府和国际组织无偿援助工作的开展，保证援

第二章 免税优惠项目

助项目的顺利实施，经国务院批准，自 2001 年 8 月 1 日起，对外国政府和国际组织无偿援助项目在国内采购的货物免征增值税……

附件：

外国政府和国际组织无偿援助项目
在国内采购货物免征增值税的管理办法（试行）

二、本办法适用于外国政府和国际组织（具体名单见附件1）对我国提供的无偿援助项目在我国关境内所采购的货物，以及为此提供货物的国内企业（以下简称供货方）。

三、在无偿援助项目确立之后，援助项目所需物资的采购方（以下简称购货方）通过项目单位共同向对外贸易经济合作部和国家税务总局同时提交免税采购申请……

……

六、供货方凭购货方出示的免税文件，按照文件的规定，以不含增值税的价格向购货方销售货物。

……

九、本办法自 2001 年 8 月 1 日起执行。

第九节 免税扶贫货物捐赠

第 99 集

将自产货物无偿捐赠给目标脱贫地区的个人，可以免征增值税吗？

扫码看视频

K公司是一家服装加工制造企业，2021年7月将自产的服装通过符合条件的公益性社会组织无偿捐赠给目标脱贫地区的个人。

提问：林老师，K公司将自产的服装无偿捐赠给目标脱贫地区的个人，可以免征增值税吗？

林老师解答

可以。

政策依据

财政部　税务总局　国务院扶贫办
关于扶贫货物捐赠免征增值税政策的公告

2019年4月10日　财政部　税务总局　国务院扶贫办公告2019年第55号

一、自2019年1月1日至2022年12月31日，对单位或者个体工商户将自产、委托加工或购买的货物通过公益性社会组织、县级及以上人民政府及其组成部门和直属机构，或直接无偿捐赠给目标脱贫地区的单位和个人，免征增值税。在政策执行期限内，目标脱贫地区实现脱贫

138

第二章 免税优惠项目

的,可继续适用上述政策。

"目标脱贫地区"包括832个国家扶贫开发工作重点县、集中连片特困地区县(新疆阿克苏地区6县1市享受片区政策)和建档立卡贫困村。

财政部　税务总局　人力资源社会保障部　国家乡村振兴局关于延长部分扶贫税收优惠政策执行期限的公告

2021年5月6日　财政部　税务总局
人力资源社会保障部　国家乡村振兴局公告2021年第18号

……《财政部　税务总局　国务院扶贫办关于扶贫货物捐赠免征增值税政策的公告》(财政部　税务总局　国务院扶贫办公告2019年第55号)中规定的税收优惠政策,执行期限延长至2025年12月31日。

划重点　消痛点

本案例中,假定该公司将外购的食品无偿捐赠给目标脱贫地区的个人,可以免征增值税吗?

可以!

第十节 新冠肺炎疫情防控免税优惠

第 100 集 新冠肺炎疫情防控期间取得的电影放映服务收入,可以免征增值税吗?

甲电影院是一家持有《电影放映经营许可证》的电影放映企业,主营业务为利用专业的电影院放映设备,为观众提供电影视听服务。

该电影院将电影放映服务收入在财务上实行单独核算,2021年7月取得电影放映服务收入60万元,开具增值税普通发票。

提问:林老师,现在是新冠肺炎疫情防控期间,该电影院取得的电影放映服务收入,可以免征增值税吗?

林老师解答

可以。

政策依据

财政部 税务总局
关于电影等行业税费支持政策的公告

2020年5月13日 财政部 税务总局公告2020年第25号

一、自2020年1月1日至2020年12月31日,对纳税人提供电影放映服务取得的收入免征增值税。

本公告所称电影放映服务,是指持有《电影放映经营许可证》的单

第二章 免税优惠项目

位利用专业的电影院放映设备,为观众提供的电影视听服务。

财政部 税务总局
关于延续实施应对疫情部分税费优惠政策的公告

2021年3月17日 财政部 税务总局公告2021年第7号

二、……《财政部 税务总局关于电影等行业税费支持政策的公告》(财政部 税务总局公告2020年第25号)规定的税费优惠政策凡已经到期的,执行期限延长至2021年12月31日。

划重点 消痛点

本案例中,假定该公司于2021年8月取得店面租金收入50万元,应按规定计算缴纳增值税。

第101集
运输新冠肺炎疫情防控重点保障物资取得的收入,可以免征增值税吗?

扫码看视频

乙公司是一家运输企业,2021年3月运输国家发展改革委、工业和信息化部确定的新冠肺炎疫情防控重点保障物资,取得运输收入100万元。

提问:林老师,该公司取得的该项收入,可以免征增值税吗?

林老师解答

可以。

TAX 政策依据

财政部　税务总局
关于支持新型冠状病毒感染的肺炎疫情防控有关税收政策的公告

2020年2月7日　财政部　税务总局公告2020年第8号

　　三、对纳税人运输疫情防控重点保障物资取得的收入，免征增值税。疫情防控重点保障物资的具体范围，由国家发展改革委、工业和信息化部确定。

　　……

　　六、本公告自2020年1月1日起实施，截止日期视疫情情况另行公告。

财政部　税务总局
关于支持疫情防控保供等税费政策实施期限的公告

2020年5月15日　财政部　税务总局公告2020年第28号

　　《财政部　税务总局关于支持新型冠状病毒感染的肺炎疫情防控有关税收政策的公告》（财政部　税务总局公告2020年第8号）……规定的税费优惠政策，执行至2020年12月31日。

财政部　税务总局
关于延续实施应对疫情部分税费优惠政策的公告

2021年3月17日　财政部　税务总局公告2021年第7号

　　三、《财政部　税务总局关于支持新型冠状病毒感染的肺炎疫情防

第二章 免税优惠项目

控有关税收政策的公告》（财政部 税务总局公告2020年第8号）……规定的税收优惠政策凡已经到期的，执行期限延长至2021年3月31日。

划重点 消痛点

本案例中，乙公司享受免征增值税优惠，可自主进行免税申报，无须办理有关免税备案手续，但应将相关证明材料留存备查；在办理增值税纳税申报时，应当填写增值税纳税申报表及《增值税减免税申报明细表》相应栏次。

第 102 集 新冠肺炎疫情防控期间提供旅游服务取得的收入，可以免征增值税吗？

扫码看视频

丙公司是一家旅游企业，经营范围主要为提供旅游服务，该项服务属于《销售服务、无形资产、不动产注释》（财税〔2016〕36号印发）规定的生活服务。

该公司于2021年3月取得旅游服务收入150万元。

提问：林老师，该公司取得的该项服务收入，可以免征增值税吗？

林老师解答

可以。

143

> 政策依据

财政部 税务总局关于支持新型冠状病毒感染的肺炎疫情防控有关税收政策的公告

2020年2月7日 财政部 税务总局公告2020年第8号

五、对纳税人提供公共交通运输服务、生活服务,以及为居民提供必需生活物资快递收派服务取得的收入,免征增值税。

……

生活服务、快递收派服务的具体范围,按照《销售服务、无形资产、不动产注释》(财税〔2016〕36号印发)执行。

财政部 国家税务总局关于全面推开营业税改征增值税试点的通知

2016年3月23日 财税〔2016〕36号

附件1:《营业税改征增值税试点实施办法》附:《销售服务、无形资产、不动产注释》

一、销售服务

……

(七)生活服务。

……

3.旅游娱乐服务。

……

(1)旅游服务,是指根据旅游者的要求,组织安排交通、游览、住宿、餐饮、购物、文娱、商务等服务的业务活动。

第二章 免税优惠项目

划重点 消痛点

本案例中，丙公司取得的旅游服务收入150万元享受免征增值税优惠，可以相应免征城市维护建设税、教育费附加、地方教育附加吗？

可以！

第 103 集 企业将购买的货物无偿捐赠用于应对新冠肺炎疫情，可以免征增值税吗？

扫码看视频

丁公司于2021年3月将一批外购的食品通过红十字会无偿捐赠用于应对新冠肺炎疫情。

提问：林老师，该公司将购买的食品无偿捐赠用于应对新冠肺炎疫情，可以免征增值税吗？

林老师解答

可以。

TAX 政策依据

财政部 税务总局关于支持新型冠状病毒感染的肺炎疫情防控有关捐赠税收政策的公告

2020年2月7日 财政部 税务总局公告2020年第9号

三、单位和个体工商户将自产、委托加工或购买的货物，通过公益性社会组织和县级以上人民政府及其部门等国家机关，或者直接向承担疫情防治任务的医院，无偿捐赠用于应对新型冠状病毒感染的肺炎疫

145

情的，免征增值税、消费税、城市维护建设税、教育费附加、地方教育附加。

……

五、本公告自2020年1月1日起施行，截止日期视疫情情况另行公告。

财政部　税务总局关于
支持疫情防控保供等税费政策实施期限的公告

2020年5月15日　财政部　税务总局公告2020年第28号

……《财政部　税务总局关于支持新型冠状病毒感染的肺炎疫情防控有关捐赠税收政策的公告》（财政部　税务总局公告2020年第9号）……规定的税费优惠政策，执行至2020年12月31日。

财政部　税务总局关于
延续实施应对疫情部分税费优惠政策的公告

2021年3月17日　财政部　税务总局公告2021年第7号

三、……《财政部　税务总局关于支持新型冠状病毒感染的肺炎疫情防控有关捐赠税收政策的公告》（财政部　税务总局公告2020年第9号）规定的税收优惠政策凡已经到期的，执行期限延长至2021年3月31日。

划重点　消痛点

本案例中，假定该公司将委托加工的食品通过县政府无偿捐赠用于应对新型冠状病毒感染的肺炎疫情，可以免征增值税吗？

可以！

第三章 小规模纳税人减免增值税优惠

第一节 免征增值税的销售额

第 104 集

按月纳税的增值税小规模纳税人月销售额未超过 15 万元，可以免征增值税吗？

A 公司为增值税小规模纳税人，增值税按月申报，2021 年 6 月销售日用品取得收入 12 万元，开具了增值税普通发票。

该公司当月未取得其他收入。

提问：林老师，A 公司 2021 年 6 月取得的销售收入，可以免征增值税吗？

林老师解答

可以。

TAX 政策依据

财政部 税务总局关于明确增值税小规模纳税人免征增值税政策的公告

2021 年 3 月 31 日 财政部 税务总局公告 2021 年第 11 号

自 2021 年 4 月 1 日至 2022 年 12 月 31 日，对月销售额 15 万元以下（含本数）的增值税小规模纳税人，免征增值税。

《财政部 税务总局关于实施小微企业普惠性税收减免政策的通知》（财税〔2019〕13 号）第一条同时废止。

国家税务总局关于小规模纳税人免征增值税征管问题的公告

2021年3月31日 国家税务总局公告2021年第5号

一、小规模纳税人发生增值税应税销售行为，合计月销售额未超过15万元（以1个季度为1个纳税期的，季度销售额未超过45万元，下同）的，免征增值税。

……

八、本公告自2021年4月1日起施行。《国家税务总局关于小规模纳税人免征增值税政策有关征管问题的公告》（2019年第4号）同时废止。

划重点 消痛点

本案例中，假定A公司2021年6月销售收入12万元，其中10万元开具增值税普通发票，2万元开具增值税专用发票，则开具增值税普通发票的收入10万元，可以免征增值税；开具增值税专用发票的收入2万元，应按规定计算缴纳增值税。

知识链接

什么是小规模纳税人？

根据《财政部 税务总局关于统一增值税小规模纳税人标准的通知》（财税〔2018〕33号）第一条规定，增值税小规模纳税人标准为年应征增值税销售额500万元及以下。

根据《中华人民共和国增值税暂行条例实施细则》（中华人民共和

第三章 小规模纳税人减免增值税优惠

国财政部令第 65 号）第二十九条规定，年应税销售额超过小规模纳税人标准的其他个人按小规模纳税人纳税；非企业性单位、不经常发生应税行为的企业可选择按小规模纳税人纳税。

第三十条规定，小规模纳税人的销售额不包括其应纳税额。小规模纳税人销售货物或者应税劳务采用销售额和应纳税额合并定价方法的，按下列公式计算销售额：

销售额 = 含税销售额 ÷（1+ 征收率）

第 105 集 按季纳税的增值税小规模纳税人季销售额未超过 45 万元，可以免征增值税吗？

B 公司为增值税小规模纳税人，增值税按季申报，2021 年第 2 季度销售化工品取得收入 42 万元，开具了增值税普通发票。

该公司当季度未取得其他收入。

提问：林老师，B 公司 2021 年第 2 季度取得的销售收入，可以免征增值税吗？

林老师解答

可以。

政策依据

国家税务总局关于小规模纳税人免征增值税征管问题的公告

2021 年 3 月 31 日　国家税务总局公告 2021 年第 5 号

一、小规模纳税人发生增值税应税销售行为，合计月销售额未超过

溪发说税之增值税优惠篇

> 15万元（以1个季度为1个纳税期的，季度销售额未超过45万元，下同）的，免征增值税。

划重点　消痛点

本案例中，假定B公司增值税按月申报，2021年第2季度销售收入42万元，其中4月销售收入为12万元，5月销售收入为16万元，6月销售收入为14万元，均开具增值税普通发票，则4月、6月取得的销售收入均未超过15万元，可以免征增值税；5月取得的销售收入超过15万元，应按规定计算缴纳增值税。

第二节　免征增值税的特殊情形

第 106 集

小规模纳税人免征增值税的销售额，可以扣除销售不动产的销售额吗？

C 公司为增值税小规模纳税人，增值税按季申报，2021 年第 2 季度取得收入 60 万元，其中销售食品收入 40 万元、转让车位收入 20 万元，开具了增值税普通发票。

提问：林老师，C 公司 2021 年第 2 季度取得的收入，需要缴纳增值税吗？

林老师解答

C 公司取得的销售食品收入 40 万元，免征增值税；取得的转让车位收入 20 万元，照章缴纳增值税。

政策依据

国家税务总局关于小规模纳税人免征增值税征管问题的公告

2021 年 3 月 31 日　国家税务总局公告 2021 年第 5 号

一、……

小规模纳税人发生增值税应税销售行为，合计月销售额超过 15 万元，但扣除本期发生的销售不动产的销售额后未超过 15 万元的，其销售货物、劳务、服务、无形资产取得的销售额免征增值税。

溪发说税之增值税优惠篇

> **划重点　消痛点**

本案例中，假定 C 公司增值税按月申报，2021 年 8 月取得销售收入 60 万元，其中销售食品收入 20 万元、转让店面收入 40 万元，开具了增值税普通发票；则 8 月的销售额扣除当期发生的销售不动产的销售额后超过 15 万元，该公司 8 月的销售收入 60 万元均应按规定计算缴纳增值税。

第 107 集
适用增值税差额征税政策的小规模纳税人差额后的销售额，可以享受免征增值税政策吗？

D 公司是一家从事劳务派遣服务的企业，属于按季申报的增值税小规模纳税人。

该公司 2021 年第 2 季度取得用工单位支付的劳务派遣服务收入 80 万元，代用工单位支付给劳务派遣员工的工资、福利和为其办理社会保险及住房公积金 40 万元，开具了增值税普通发票。

该公司对劳务派遣服务选择增值税差额征税政策。

提问：林老师，D 公司 2021 年第 2 季度取得的收入，可以免征增值税吗？

> **林老师解答**

可以。D 公司选择差额纳税，以取得的全部价款和价外费用 80 万元，扣除代用工单位支付给劳务派遣员工的工资、福利和为其办理社会保险及住房公积金 40 万元后的余额 40

第三章 小规模纳税人减免增值税优惠

万元为 2021 年第 2 季度销售额，低于 45 万元，免征增值税。

TAX 政策依据

国家税务总局关于小规模纳税人
免征增值税征管问题的公告

2021 年 3 月 31 日　国家税务总局公告 2021 年第 5 号

二、适用增值税差额征税政策的小规模纳税人，以差额后的销售额确定是否可以享受本公告规定的免征增值税政策。

第 108 集

采取一次性收取租金形式
出租不动产取得的租金收入，可以免征增值税吗？

扫码看视频

黄先生出租厂房，租期为 2021 年 7 月 1 日至 2023 年 6 月 30 日，每月租金为 12 万元，2021 年 7 月一次性取得租金收入 288 万元。

提问：林老师，黄先生取得的该项租金收入，可以免征增值税吗？

林老师解答

黄先生取得的租金收入 288 万元，可在对应的租赁期 2 年内平均分摊，分摊后的月租金收入为 12 万元，未超过 15 万元，免征增值税。

153

溪发说税之增值税优惠篇

> **政策依据**
>
> **国家税务总局关于小规模纳税人**
> **免征增值税征管问题的公告**
>
> 2021年3月31日　国家税务总局公告2021年第5号
>
> 四、《中华人民共和国增值税暂行条例实施细则》第九条所称的其他个人，采取一次性收取租金形式出租不动产取得的租金收入，可在对应的租赁期内平均分摊，分摊后的月租金收入未超过15万元的，免征增值税。

划重点　消痛点

本案例中，假定黄先生2021年7月一次性取得两年厂房租金432万元，则分摊后的每月租金为18万元，超过15万元，应按规定计算缴纳增值税。

第三节　征收率优惠

第 109 集　小规模纳税人在新冠肺炎疫情防控期间可以享受减免增值税优惠吗？

E 公司是一家食品生产企业，属于按季纳税的增值税小规模纳税人，2021 年第 2 季度取得食品销售收入 60 万元（含增值税）。

提问：林老师，该公司在新冠肺炎疫情防控期间取得食品销售收入，可以享受减免增值税优惠吗？

林老师解答

可以。该公司取得食品销售收入，减按 1% 征收率征收增值税。

政策依据

财政部　税务总局
关于支持个体工商户复工复业增值税政策的公告

2020 年 2 月 28 日　财政部　税务总局公告 2020 年第 13 号

自 2020 年 3 月 1 日至 5 月 31 日，对湖北省增值税小规模纳税人，适用 3% 征收率的应税销售收入，免征增值税；适用 3% 预征率的预缴增值税项目，暂停预缴增值税。除湖北省外，其他省、自治区、直辖市的增值税小规模纳税人，适用 3% 征收率的应税销售收入，减按 1% 征收率征收增值税;适用3%预征率的预缴增值税项目,减按1%预征率预缴增值税。

财政部　税务总局
关于延长小规模纳税人减免增值税政策执行期限的公告

2020年4月30日　财政部　税务总局公告2020年第24号

《财政部　税务总局关于支持个体工商户复工复业增值税政策的公告》(财政部　税务总局公告2020年第13号)规定的税收优惠政策实施期限延长到2020年12月31日。

财政部　税务总局
关于延续实施应对疫情部分税费优惠政策的公告

2021年3月17日　财政部　税务总局公告2021年第7号

一、《财政部　税务总局关于支持个体工商户复工复业增值税政策的公告》(财政部　税务总局公告2020年第13号)规定的税收优惠政策,执行期限延长至2021年12月31日。其中,自2021年4月1日至2021年12月31日,湖北省增值税小规模纳税人适用3%征收率的应税销售收入,减按1%征收率征收增值税;适用3%预征率的预缴增值税项目,减按1%预征率预缴增值税。

划重点　消痛点

本案例中,假定E公司2021年7月出租厂房,月租金16万元,当月取得适用5%征收率的第3季度租金收入48万元,该项租金收入可以减按1%征收率征收增值税吗?

不可以!E公司取得的租金收入适用5%征收率,应按5%征收率计算缴纳增值税。

第二篇　不征税篇

第四章　不征税收入

第一节　财政补贴收入

第 110 集

取得服务外包发展扶持资金收入，需要缴纳增值税吗？

A 公司 2020 年 1 月收到商务局奖励的服务外包发展扶持资金人民币 25 万元，计算依据是按照服务外包收入 1 美元奖励人民币 0.10 元。

提问：林老师，A 公司收到服务外包发展扶持资金收入，需要缴纳增值税吗？

林老师解答

需要缴纳增值税。

A 公司取得的扶持资金收入，与其销售收入直接挂钩，需要缴纳增值税。

政策依据

国家税务总局关于取消增值税扣税凭证认证确认期限等增值税征管问题的公告

2019 年 12 月 31 日　国家税务总局公告 2019 年第 45 号

七、纳税人取得的财政补贴收入，与其销售货物、劳务、服务、无形资产、不动产的收入或者数量直接挂钩的，应按规定计算缴纳增值税。……

溪发说税之增值税优惠篇

第 111 集
取得办公用房补助收入，需要缴纳增值税吗？

B 公司 2020 年 1 月收到财政局拨付的办公用房补助人民币 1 万元，租赁办公用房 1000 平方米，每月每平方米补助人民币 10 元。

提问：林老师，B 公司收到办公用房补助收入，需要缴纳增值税吗？

林老师解答

不需要缴纳增值税。

B 公司取得的办公用房补助收入，与其销售收入或者数量未直接挂钩，不属于增值税应税收入，不需要缴纳增值税。

TAX 政策依据

国家税务总局关于取消增值税扣税凭证认证确认期限等增值税征管问题的公告

2019 年 12 月 31 日　国家税务总局公告 2019 年第 45 号

七、纳税人取得的财政补贴收入，与其销售货物、劳务、服务、无形资产、不动产的收入或者数量直接挂钩的，应按规定计算缴纳增值税。纳税人取得的其他情形的财政补贴收入，不属于增值税应税收入，不征收增值税。

本公告实施前，纳税人取得的中央财政补贴继续按照《国家税务总局关于中央财政补贴增值税有关问题的公告》（2013 年第 3 号）执行；已经申报缴纳增值税的，可以按现行红字发票管理规定，开具红字增值税发票将取得的中央财政补贴从销售额中扣减。

第四章 不征税收入

第 112 集

取得重大科技项目扶持资金收入，需要缴纳增值税吗？

扫码看视频

C 公司 2020 年 1 月收到财政局拨付的重大科技项目无偿资助扶持资金人民币 300 万元。

提问：林老师，C 公司收到重大科技项目扶持资金收入，需要缴纳增值税吗？

林老师解答

不需要缴纳增值税。

C 公司取得的扶持资金收入，与其销售收入或者数量未直接挂钩，不属于增值税应税收入，不需要缴纳增值税。

划重点 消痛点

通过对第 110 集、第 111 集及第 112 集案例的学习，大家应掌握纳税人取得的财政补贴收入，是否需要缴纳增值税，主要是由财政补贴收入是否与纳税人的销售收入或销售数量直接挂钩决定的。

第 113 集

燃油电厂取得发电补贴收入，需要缴纳增值税吗？

D 公司是一家燃油电厂，2021 年 6 月从政府财政专户取得发电补贴 50 万元。

提问：林老师，该公司取得的该项补贴收入，需要缴纳增值税吗？

林老师解答

不需要缴纳增值税。

政策依据

国家税务总局关于燃油电厂取得发电补贴有关增值税政策的通知

2006 年 12 月 19 日　国税函〔2006〕1235 号

根据《中华人民共和国增值税暂行条例》第六条规定，应税销售额是指纳税人销售货物或者应税劳务向购买方收取的全部价款和价外费用。

因此，各燃油电厂从政府财政专户取得的发电补贴不属于规定的价外费用，不计入应税销售额，不征收增值税。

第二节 体育彩票发行收入

第 114 集
体育彩票发行收入，需要缴纳增值税吗？

扫码看视频

E 单位是一家体育彩票发行机构，2021 年 6 月发行体育彩票，取得发行收入 60 万元。

提问：林老师，该单位取得的该项发行收入，需要缴纳增值税吗？

林老师解答

不需要缴纳增值税。

政策依据

财政部　国家税务总局
关于体育彩票发行收入税收问题的通知
1996 年 11 月 7 日　财税字〔1996〕77 号

一、增值税

根据现行《中华人民共和国增值税暂行条例》及其实施细则等有关规定，对体育彩票的发行收入不征增值税。

第三节　融资性售后回租业务中承租方出售资产

第 115 集
融资性售后回租业务中承租方出售资产，需要缴纳增值税吗？

F 公司是一家经批准从事融资租赁业务的企业。

G 公司于 2021 年 6 月以融资为目的将一台生产用的机器设备出售给 F 公司，然后又从 F 公司将这台机器设备租回使用。

G 公司出售该台机器设备时，资产所有权以及与资产所有权有关的全部报酬和风险并未完全转移。

提问：林老师，G 公司出售该台机器设备，需要缴纳增值税吗？

林老师解答

不需要缴纳增值税。

政策依据

国家税务总局关于融资性售后回租业务中承租方出售资产行为有关税收问题的公告

2010 年 9 月 8 日　国家税务总局公告 2010 年第 13 号

一、增值税和营业税

根据现行增值税和营业税有关规定，融资性售后回租业务中承租方出售资产的行为，不属于增值税和营业税征收范围，不征收增值税和营业税。

第四章 不征税收入

> **划重点　消痛点**

根据现行企业所得税法及有关收入确定规定，本案例中，G公司出售该台机器设备，不确认为销售收入，对融资性租赁的资产，仍按G公司出售前原账面价值作为计税基础计提折旧；租赁期间，G公司支付的属于融资利息的部分，作为财务费用在企业所得税税前扣除。

第四节　自采地下水用于生产

第 116 集

工厂自采地下水用于生产，需要缴纳增值税吗？

H公司是一家化工厂，2021年6月自采地下水用于生产。

提问：林老师，该公司自采地下水用于生产，需要缴纳增值税吗？

林老师解答

不需要缴纳增值税。

政策依据

国家税务总局关于印发
《增值税若干具体问题的规定》的通知

1993年12月28日　国税发〔1993〕154号

现将《增值税若干具体问题的规定》印发给你们，希贯彻执行。

附件：

增值税若干具体问题的规定

一、征税范围

……

（七）供应或开采未经加工的天然水（如水库供应农业灌溉用水，工厂自采地下水用于生产），不征收增值税。

第五节　工本费收入

第 117 集
国家管理部门发放牌照取得的工本费收入，需要缴纳增值税吗？

I 单位属于国家管理部门，2021 年 6 月行使管理职能发放牌照，取得工本费收入 16 万元。

提问：林老师，该单位取得的该项工本费收入，需要缴纳增值税吗？

林老师解答

不需要缴纳增值税。

TAX 政策依据

**国家税务总局关于印发
《增值税问题解答（之一）》的通知**

1995 年 6 月 2 日　国税函发〔1995〕288 号

增值税问题解答（之一）

六、问：对国家管理部门行使其管理职能，发放的执照、牌照和有关证书等取得的工本费收入，是否征收增值税？

答：对国家管理部门行使其管理职能，发放的执照、牌照和有关证书等取得的工本费收入，不征收增值税。

第六节 受托代理销售二手车

第 118 集

受托代理销售二手车，需要缴纳增值税吗？

J 公司是一家经批准允许从事二手车经销业务的企业，2021年6月接受 K 公司委托代理销售二手车。

委托合同约定：J 公司不向 K 公司预付货款；K 公司将《二手车销售统一发票》直接开具给购买方；J 公司按购买方实际支付的价款和增值税额（如系代理进口销售货物则为海关代征的增值税额）与 K 公司结算货款，并另外收取手续费。

2021年6月 J 公司销售受托代理的二手车取得价款100万元。

提问：林老师，J 公司销售受托代理的二手车取得的价款，需要缴纳增值税吗？

林老师解答

不需要缴纳增值税。

政策依据

国家税务总局关于二手车经营业务有关增值税问题的公告

2012年6月1日　国家税务总局公告 2012 年第 23 号

……纳税人受托代理销售二手车，凡同时具备以下条件的，不征收

第四章 不征税收入

增值税；不同时具备以下条件的，视同销售征收增值税。

（一）受托方不向委托方预付货款；

（二）委托方将《二手车销售统一发票》直接开具给购买方；

（三）受托方按购买方实际支付的价款和增值税额（如系代理进口销售货物则为海关代征的增值税额）与委托方结算货款，并另外收取手续费。

本公告自 2012 年 7 月 1 日起开始施行。

划重点 消痛点

本案例中，假定 J 公司按照《机动车登记规定》的有关规定，收购二手车时将其办理过户登记到自己名下，销售时再将该二手车过户登记到买家名下，则属于《中华人民共和国增值税暂行条例》规定的销售货物的行为，应按规定计算缴纳增值税。

第七节　无偿提供铁路运输服务

第 119 集

无偿提供铁路运输服务，需要缴纳增值税吗？

L公司是一家铁路运输公司，2021年6月根据国家指令，为灾区无偿提供铁路运输服务；该项运输服务属于《营业税改征增值税试点实施办法》第十四条规定的用于公益事业的服务。

提问：林老师，该公司无偿提供铁路运输服务，需要缴纳增值税吗？

林老师解答

不需要缴纳增值税。

政策依据

财政部　国家税务总局
关于全面推开营业税改征增值税试点的通知

2016年3月23日　财税〔2016〕36号

附件2：营业税改征增值税试点有关事项的规定

一、营改增试点期间，试点纳税人〔指按照《营业税改征增值税试点实施办法》（以下称《试点实施办法》）缴纳增值税的纳税人〕有关政策

……

（二）不征收增值税项目。

1.根据国家指令无偿提供的铁路运输服务、航空运输服务，属于《试点实施办法》第十四条规定的用于公益事业的服务。

财政部　国家税务总局
关于全面推开营业税改征增值税试点的通知

2016年3月23日　财税〔2016〕36号

附件1：营业税改征增值税试点实施办法

第十四条　下列情形视同销售服务、无形资产或者不动产：

（一）单位或者个体工商户向其他单位或者个人无偿提供服务，但用于公益事业或者以社会公众为对象的除外。

（二）单位或者个人向其他单位或者个人无偿转让无形资产或者不动产，但用于公益事业或者以社会公众为对象的除外。

（三）财政部和国家税务总局规定的其他情形。

第八节 存款利息收入

第 120 集
存款利息收入需要缴纳增值税吗？

M 公司在甲商业银行开立账户，2021 年 6 月从该银行取得活期存款利息收入 5 万元。

提问：林老师，该公司取得的该项存款利息收入，需要缴纳增值税吗？

林老师解答

不需要缴纳增值税。

政策依据

财政部　国家税务总局
关于全面推开营业税改征增值税试点的通知
2016 年 3 月 23 日　财税〔2016〕36 号

附件 2：营业税改征增值税试点有关事项的规定

一、营改增试点期间，试点纳税人〔指按照《营业税改征增值税试点实施办法》（以下称《试点实施办法》）缴纳增值税的纳税人〕有关政策

……

（二）不征收增值税项目。

……

2. 存款利息。

第九节 保险赔付收入

第 121 集
被保险人获得的保险赔付收入,需要缴纳增值税吗?

N公司于2020年12月就其名下的车辆向乙保险公司投保,N公司作为被保险人。

2021年6月投保的车辆发生交通事故,N公司按照规定从乙保险公司获得保险赔付款2万元。

提问:林老师,该公司获得的该项保险赔付款,需要缴纳增值税吗?

林老师解答

不需要缴纳增值税。

政策依据

财政部 国家税务总局
关于全面推开营业税改征增值税试点的通知

2016年3月23日 财税〔2016〕36号

附件2:营业税改征增值税试点有关事项的规定

一、营改增试点期间,试点纳税人[指按照《营业税改征增值税试点实施办法》(以下称《试点实施办法》)缴纳增值税的纳税人]

溪发说税之增值税优惠篇

有关政策

……

（二）不征收增值税项目。

……

3.被保险人获得的保险赔付。

第十节　住宅专项维修资金

第 122 集

代收住宅专项维修资金，需要缴纳增值税吗？

扫码看视频

P 公司是一家物业管理公司，2021 年 6 月向所服务的住宅小区业主代收住宅专项维修资金 20 万元。

提问：林老师，该公司代收的住宅专项维修资金，需要缴纳增值税吗？

林老师解答

不需要缴纳增值税。

政策依据

财政部　国家税务总局
关于全面推开营业税改征增值税试点的通知

2016 年 3 月 23 日　财税〔2016〕36 号

附件 2：营业税改征增值税试点有关事项的规定

一、营改增试点期间，试点纳税人[指按照《营业税改征增值税试点实施办法》（以下称《试点实施办法》）缴纳增值税的纳税人]有关政策

……

（二）不征收增值税项目。

......

4.房地产主管部门或者其指定机构、公积金管理中心、开发企业以及物业管理单位代收的住宅专项维修资金。

第十一节 资产重组过程中涉及的不动产、土地使用权转让

第 123 集

资产重组过程中涉及的不动产、土地使用权转让,需要缴纳增值税吗?

Q公司于2021年6月按照法律规定的条件和程序,将部分资产分离出去成立R公司,Q公司继续存在。

在上述资产重组过程中,Q公司通过公司分立方式,将部分实物资产以及与其相关联的债权、负债和劳动力一并转让给R公司,其中涉及不动产、土地使用权转让。

提问:林老师,Q公司转让上述不动产、土地使用权,需要缴纳增值税吗?

林老师解答

不需要缴纳增值税。

政策依据

财政部 国家税务总局
关于全面推开营业税改征增值税试点的通知

2016年3月23日 财税〔2016〕36号

附件2:营业税改征增值税试点有关事项的规定

溪发说税之增值税优惠篇

> 一、营改增试点期间，试点纳税人［指按照《营业税改征增值税试点实施办法》（以下称《试点实施办法》）缴纳增值税的纳税人］有关政策
> ……
> （二）不征收增值税项目。
> ……
> 5.在资产重组过程中，通过合并、分立、出售、置换等方式，将全部或者部分实物资产以及与其相关联的债权、负债和劳动力一并转让给其他单位和个人，其中涉及的不动产、土地使用权转让行为。

划重点　消痛点

本案例中，假定Q公司于2021年8月按照法律规定的条件和程序，与S公司合并成立T公司，Q公司及S公司均注销。在资产重组过程中，Q公司通过公司合并方式，将全部实物资产以及与其相关联的债权、负债和劳动力一并转让给T公司，则其中涉及的不动产、土地使用权转让行为，也不征收增值税。

第三篇　退稅篇

第五章　即征即退

第一节　软件产品即征即退

第 124 集

销售自行开发生产的软件产品，可以享受增值税即征即退优惠政策吗？

A 公司为增值税一般纳税人，自行开发生产软件产品，该软件产品取得省级软件产业主管部门认可的软件检测机构出具的检测证明材料和著作权行政管理部门颁发的《计算机软件著作权登记证书》。

该公司对上述软件产品销售业务在财务上实行单独核算，2021 年 7 月销售软件产品取得收入 339 万元，按 13% 税率征收增值税后，其增值税实际税负超过 3%。

提问：林老师，该公司取得的该项软件产品销售收入，其增值税实际税负超过 3% 的部分，可以享受增值税即征即退优惠政策吗？

林老师解答

可以。

溪发说税之增值税优惠篇

政策依据

财政部　国家税务总局
关于软件产品增值税政策的通知

2011年10月13日　财税〔2011〕100号

一、软件产品增值税政策

（一）增值税一般纳税人销售其自行开发生产的软件产品，按17%税率征收增值税后，对其增值税实际税负超过3%的部分实行即征即退政策。

……

二、软件产品界定及分类

本通知所称软件产品，是指信息处理程序及相关文档和数据。软件产品包括计算机软件产品、信息系统和嵌入式软件产品。嵌入式软件产品是指嵌入在计算机硬件、机器设备中并随其一并销售，构成计算机硬件、机器设备组成部分的软件产品。

三、满足下列条件的软件产品，经主管税务机关审核批准，可以享受本通知规定的增值税政策：

1. 取得省级软件产业主管部门认可的软件检测机构出具的检测证明材料；

2. 取得软件产业主管部门颁发的《软件产品登记证书》或著作权行政管理部门颁发的《计算机软件著作权登记证书》。

……

九、本通知自2011年1月1日起执行。……

财政部　税务总局关于调整增值税税率的通知

2018年4月4日　财税〔2018〕32号

一、纳税人发生增值税应税销售行为或者进口货物，原适用17%和11%税率的，税率分别调整为16%、10%。

第五章 即征即退

> ……
> 六、本通知自 2018 年 5 月 1 日起执行。……
>
> **财政部　税务总局　海关总署**
> **关于深化增值税改革有关政策的公告**
>
> 2019 年 3 月 20 日　财政部　税务总局　海关总署公告 2019 年第 39 号
> 一、增值税一般纳税人（以下称纳税人）发生增值税应税销售行为或者进口货物，原适用 16% 税率的，税率调整为 13%；……
> ……
> 九、本公告自 2019 年 4 月 1 日起执行。

划重点　消痛点

本案例中，假定 A 公司销售自行开发生产的嵌入式软件产品，且适用财税〔2011〕100 号文件规定按照组成计税价格计算确定计算机硬件、机器设备销售额，则应当分别核算嵌入式软件产品与计算机硬件、机器设备部分的成本。凡未分别核算或者核算不清的，不得享受财税〔2011〕100 号文件规定的增值税政策。

知识链接

1. 什么是增值税即征即退？

税务机关向纳税人先足额征收增值税，再将已征的全部或部分增值税税款退还给该纳税人，即为增值税即征即退。

2. 软件产品增值税即征即退税额应如何计算确定？

根据财税〔2011〕100号文件第四条的规定，软件产品增值税即征即退税额的计算方法如下：

（一）软件产品增值税即征即退税额的计算方法

即征即退税额 = 当期软件产品增值税应纳税额 – 当期软件产品销售额 × 3%

当期软件产品增值税应纳税额 = 当期软件产品销项税额 – 当期软件产品可抵扣进项税额

当期软件产品销项税额 = 当期软件产品销售额 × 17%

（二）嵌入式软件产品增值税即征即退税额的计算

1. 嵌入式软件产品增值税即征即退税额的计算方法

即征即退税额 = 当期嵌入式软件产品增值税应纳税额 – 当期嵌入式软件产品销售额 × 3%

当期嵌入式软件产品增值税应纳税额 = 当期嵌入式软件产品销项税额 – 当期嵌入式软件产品可抵扣进项税额

当期嵌入式软件产品销项税额 = 当期嵌入式软件产品销售额 × 17%

2. 当期嵌入式软件产品销售额的计算公式

当期嵌入式软件产品销售额 = 当期嵌入式软件产品与计算机硬件、机器设备销售额合计 – 当期计算机硬件、机器设备销售额

计算机硬件、机器设备销售额按照下列顺序确定：

① 按纳税人最近同期同类货物的平均销售价格计算确定；
② 按其他纳税人最近同期同类货物的平均销售价格计算确定；
③ 按计算机硬件、机器设备组成计税价格计算确定。

计算机硬件、机器设备组成计税价格 = 计算机硬件、机器设备成本 × (1+10%)

第五章 即征即退

根据财税〔2011〕100号文件第五条的规定，按照上述办法计算，即征即退税额大于零时，税务机关应按规定，及时办理退税手续。

第125集 将进口软件产品进行本地化改造后对外销售，可以享受增值税即征即退优惠政策吗？

扫码看视频

B公司为增值税一般纳税人，其经营业务包括将进口软件产品进行本地化改造后再对外销售，改造后的软件产品取得省级软件产业主管部门认可的软件检测机构出具的检测证明材料和软件产业主管部门颁发的《软件产品登记证书》。

该公司对上述软件产品销售业务在财务上实行单独核算，2021年7月销售软件产品取得收入565万元，按13%税率征收增值税后，其增值税实际税负超过3%。

提问： 林老师，该公司取得的该项软件产品销售收入，其增值税实际税负超过3%的部分，可以享受增值税即征即退优惠政策吗？

林老师解答

可以。

TAX 政策依据

财政部 国家税务总局关于软件产品增值税政策的通知

2011年10月13日 财税〔2011〕100号

一、软件产品增值税政策

……

（二）增值税一般纳税人将进口软件产品进行本地化改造后对外销售，其销售的软件产品可享受本条第一款规定的增值税即征即退政策。

划重点　消痛点

本案例中，假定B公司既销售软件产品又销售其他货物或者应税劳务，且部分进项税额无法划分，则应按照实际成本或销售收入比例确定软件产品应分摊的进项税额；对专用于软件产品开发生产设备及工具的进项税额，不得进行分摊。

专用于软件产品开发生产的设备及工具，包括但不限于用于软件设计的计算机设备、读写打印器具设备、工具软件、软件平台和测试设备。

第 126 集　销售自主开发生产的动漫软件，可以享受增值税即征即退优惠政策吗？

C公司是一家动漫企业，属于增值税一般纳税人。

该公司对其自主开发生产的动漫软件销售业务在财务上实行单独核算，2021年7月取得动漫软件销售收入452万元，按13%税率征收增值税后，其增值税实际税负超过3%。

提问：林老师，该公司取得的该项动漫软件销售收入，其增值税实际税负超过3%的部分，可以享受增值税即征即退优惠政策吗？

第五章 即征即退

林老师解答

可以。

政策依据

财政部 税务总局
关于延续动漫产业增值税政策的通知

2018年4月19日 财税〔2018〕38号

二、自2018年5月1日至2020年12月31日，对动漫企业增值税一般纳税人销售其自主开发生产的动漫软件，按照16%的税率征收增值税后，对其增值税实际税负超过3%的部分，实行即征即退政策。

……

四、动漫软件，按照《财政部 国家税务总局关于软件产品增值税政策的通知》（财税〔2011〕100号）中软件产品相关规定执行。

动漫企业和自主开发、生产动漫产品的认定标准和认定程序，按照《文化部 财政部 国家税务总局关于印发〈动漫企业认定管理办法（试行）〉的通知》（文市发〔2008〕51号）的规定执行。

财政部 税务总局 海关总署
关于深化增值税改革有关政策的公告

2019年3月20日 财政部 税务总局 海关总署公告2019年第39号

一、增值税一般纳税人（以下称纳税人）发生增值税应税销售行为或者进口货物，原适用16%税率的，税率调整为13%；……

……

九、本公告自2019年4月1日起执行。

溪发说税之增值税优惠篇

财政部　税务总局
关于延长部分税收优惠政策执行期限的公告

2021年3月15日　财政部　税务总局公告2021年第6号

一、《财政部　税务总局关于设备　器具扣除有关企业所得税政策的通知》（财税〔2018〕54号）等16个文件规定的税收优惠政策凡已经到期的，执行期限延长至2023年12月31日，详见附件1。

附件1：

财税〔2018〕54号等16个文件

序号	文件名称	备注
……	……	……
4	《财政部　税务总局关于延续动漫产业增值税政策的通知》（财税〔2018〕38号）	

划重点　消痛点

本案例中，假定C公司销售的动漫软件不是其自主开发生产的，则取得的该项动漫软件销售收入，其增值税实际税负超过3%的部分，不可以享受增值税即征即退优惠政策。

第二节 管道运输服务即征即退

第 127 集
提供管道运输服务，可以享受增值税即征即退优惠政策吗？

D 公司是一家管道运输服务企业，属于增值税一般纳税人。

该公司对管道运输服务业务在财务上实行单独核算，2021 年 7 月取得管道运输服务收入 545 万元，按适用税率申报缴纳增值税后，其增值税实际税负超过 3%。

提问： 林老师，该公司取得的该项管道运输服务收入，其增值税实际税负超过 3% 的部分，可以享受增值税即征即退优惠政策吗？

林老师解答

可以。

政策依据

财政部　国家税务总局
关于全面推开营业税改征增值税试点的通知

2016 年 3 月 23 日　财税〔2016〕36 号

附件 3：营业税改征增值税试点过渡政策的规定

二、增值税即征即退

（一）一般纳税人提供管道运输服务，对其增值税实际税负超过 3% 的部分实行增值税即征即退政策。

溪发说税之 增值税优惠篇

划重点　消痛点

本案例中，D公司的增值税实际税负，是指该公司当期提供管道运输服务实际缴纳的增值税额占当期提供管道运输服务取得的全部价款和价外费用的比例。

第三节　有形动产融资租赁服务即征即退

第 128 集

提供有形动产融资租赁服务，可以享受增值税即征即退优惠政策吗？

E 公司是一家经商务部授权的省级商务主管部门备案的从事融资租赁业务的融资租赁企业，属于增值税一般纳税人，2021 年 7 月 1 日实收资本达到 2 亿元。

该公司对融资租赁业务在财务上实行单独核算，2021 年 7 月提供有形动产融资租赁服务，取得服务收入 678 万元，按适用税率申报缴纳增值税后，其增值税实际税负超过 3%。

提问： 林老师，该公司取得的该项融资租赁服务收入，其增值税实际税负超过 3% 的部分，可以享受增值税即征即退优惠政策吗？

林老师解答

可以。

政策依据

财政部　国家税务总局
关于全面推开营业税改征增值税试点的通知
2016 年 3 月 23 日　财税〔2016〕36 号
附件 3：营业税改征增值税试点过渡政策的规定

二、增值税即征即退

......

（二）经人民银行、银监会或者商务部批准从事融资租赁业务的试点纳税人中的一般纳税人，提供有形动产融资租赁服务和有形动产融资性售后回租服务，对其增值税实际税负超过3%的部分实行增值税即征即退政策。商务部授权的省级商务主管部门和国家经济技术开发区批准的从事融资租赁业务和融资性售后回租业务的试点纳税人中的一般纳税人，2016年5月1日后实收资本达到1.7亿元的，从达到标准的当月起按照上述规定执行；......

财政部　国家税务总局
关于明确金融　房地产开发　教育辅助服务等增值税政策的通知

2016年12月21日　财税〔2016〕140号

六、《财政部　国家税务总局关于全面推开营业税改征增值税试点的通知》（财税〔2016〕36号）所称"人民银行、银监会或者商务部批准"、"商务部授权的省级商务主管部门和国家经济技术开发区批准"从事融资租赁业务（含融资性售后回租业务）的试点纳税人（含试点纳税人中的一般纳税人），包括经上述部门备案从事融资租赁业务的试点纳税人。

......

十八、本通知除第十七条规定的政策外，其他均自2016年5月1日起执行。

第四节　飞机维修劳务即征即退

第 129 集
飞机维修劳务可以享受增值税即征即退优惠政策吗？

F 公司是一家提供飞机维修劳务的企业。

该公司对上述飞机维修劳务业务在财务上实行单独核算，2021 年 7 月取得飞机维修劳务收入 678 万元，按适用税率申报缴纳增值税后，其增值税实际税负超过 6%。

提问：林老师，该公司飞机维修劳务增值税实际税负超过 6% 的部分，可以享受增值税即征即退优惠政策吗？

林老师解答

可以。

政策依据

财政部　国家税务总局
关于飞机维修增值税问题的通知

2000 年 10 月 12 日　财税〔2000〕102 号

为支持飞机维修行业的发展，决定自 2000 年 1 月 1 日起对飞机维修劳务增值税实际税负超过 6% 的部分实行由税务机关即征即退的政策。

第五节　安置残疾人即征即退

第 130 集

安置残疾人，可以享受增值税即征即退优惠政策吗？

G 公司是一家从事简单加工、生产业务的社会福利企业，2021 年 7 月在职员工 40 人，其中安置残疾人 30 人。

该公司依法与安置的每位残疾人签订了 2 年的劳动合同，并为其按月足额缴纳基本养老保险、基本医疗保险、失业保险、工伤保险和生育保险等社会保险，通过银行向安置的每位残疾人按月支付不低于所在区县适用的经省人民政府批准的月最低工资标准的工资。

该公司纳税信用等级为 B 级。

该公司对其加工、生产业务收入在财务上实行单独核算，加工、生产业务收入占其增值税收入的比例超过 50%。

提问：林老师，该公司 2021 年 7 月安置残疾人，可以享受增值税即征即退优惠政策吗？

林老师解答

该公司可由税务机关按其安置残疾人的人数，限额即征即退增值税。

第五章 即征即退

政策依据

财政部 国家税务总局
关于促进残疾人就业增值税优惠政策的通知

2016年5月5日 财税〔2016〕52号

一、对安置残疾人的单位和个体工商户（以下称纳税人），实行由税务机关按纳税人安置残疾人的人数，限额即征即退增值税的办法。

安置的每位残疾人每月可退还的增值税具体限额，由县级以上税务机关根据纳税人所在区县（含县级市、旗，下同）适用的经省（含自治区、直辖市、计划单列市，下同）人民政府批准的月最低工资标准的4倍确定。

二、享受税收优惠政策的条件

（一）纳税人（除盲人按摩机构外）月安置的残疾人占在职职工人数的比例不低于25%（含25%），并且安置的残疾人人数不少于10人（含10人）；

……

（二）依法与安置的每位残疾人签订了一年以上（含一年）的劳动合同或服务协议。

（三）为安置的每位残疾人按月足额缴纳了基本养老保险、基本医疗保险、失业保险、工伤保险和生育保险等社会保险。

（四）通过银行等金融机构向安置的每位残疾人，按月支付了不低于纳税人所在区县适用的经省人民政府批准的月最低工资标准的工资。

……

四、纳税人中纳税信用等级为税务机关评定的C级或D级的，不得享受本通知第一条、第三条规定的政策。

……

六、本通知第一条规定的增值税优惠政策仅适用于生产销售货物，提供加工、修理修配劳务，以及提供营改增现代服务和生活服务税目（不含文化体育服务和娱乐服务）范围的服务取得的收入之和，占其增值税收入的比例达到 50% 的纳税人，但不适用于上述纳税人直接销售外购货物（包括商品批发和零售）以及销售委托加工的货物取得的收入。

纳税人应当分别核算上述享受税收优惠政策和不得享受税收优惠政策业务的销售额，不能分别核算的，不得享受本通知规定的优惠政策。

……

十、本通知有关定义

（一）残疾人，是指法定劳动年龄内，持有《中华人民共和国残疾人证》或者《中华人民共和国残疾军人证（1 至 8 级）》的自然人，包括具有劳动条件和劳动意愿的精神残疾人。

（二）残疾人个人，是指自然人。

（三）在职职工人数，是指与纳税人建立劳动关系并依法签订劳动合同或者服务协议的雇员人数。

……

十二、本通知自 2016 年 5 月 1 日起执行，……

划重点　消痛点

本案例中，假定 G 公司既适用促进残疾人就业增值税优惠政策，又适用重点群体、退役士兵、随军家属、军转干部等支持就业的增值税优惠政策，该公司可自行选择适用的优惠政策，但不能累加执行。该公司一经选定，36 个月内不得变更。

第六节 资源综合利用即征即退

第 131 集
销售自产的资源综合利用产品，可以享受增值税即征即退优惠政策吗？

扫码看视频

H 公司是一家资源综合利用企业，从事废渣综合利用生产保温材料项目，其产品原料 70% 以上来自废渣；该项目属于《财政部 国家税务总局关于印发〈资源综合利用产品和劳务增值税优惠目录〉的通知》（财税〔2015〕78 号）所附《资源综合利用产品和劳务增值税优惠目录》中所列的资源综合利用项目。

该公司 2021 年 7 月从事上述资源综合利用项目，符合财税〔2015〕78 号文件第二条规定的条件以及《资源综合利用产品和劳务增值税优惠目录》规定的技术标准和相关条件。

该公司单独核算上述资源综合利用产品的销售额和应纳税额。

提问：林老师，该公司 2021 年 7 月销售该项自产的资源综合利用产品，可以享受增值税即征即退优惠政策吗？

林老师解答

该公司销售该项自产的资源综合利用产品，可以享受增值税即征即退 70% 的优惠政策。

溪发说税之增值税优惠篇

> 政策依据

财政部　国家税务总局
关于印发《资源综合利用产品和劳务增值税优惠目录》的通知

2015年6月12日　财税〔2015〕78号

一、纳税人销售自产的资源综合利用产品和提供资源综合利用劳务（以下称销售综合利用产品和劳务），可享受增值税即征即退政策。具体综合利用的资源名称、综合利用产品和劳务名称、技术标准和相关条件、退税比例等按照本通知所附《资源综合利用产品和劳务增值税优惠目录》（以下简称《目录》）的相关规定执行。

二、纳税人从事《目录》所列的资源综合利用项目，其申请享受本通知规定的增值税即征即退政策时，应同时符合下列条件：

（一）属于增值税一般纳税人。

（二）销售综合利用产品和劳务，不属于国家发展改革委《产业结构调整指导目录》中的禁止类、限制类项目。

（三）销售综合利用产品和劳务，不属于环境保护部《环境保护综合名录》中的"高污染、高环境风险"产品或者重污染工艺。

（四）综合利用的资源，属于环境保护部《国家危险废物名录》列明的危险废物的，应当取得省级以上环境保护部门颁发的《危险废物经营许可证》，且许可经营范围包括该危险废物的利用。

（五）纳税信用等级不属于税务机关评定的C级或D级。

纳税人在办理退税事宜时，应向主管税务机关提供其符合本条规定的上述条件以及《目录》规定的技术标准和相关条件的书面声明材料，未提供书面声明材料或者出具虚假材料的，税务机关不得给予退税。

……

五、纳税人应当单独核算适用增值税即征即退政策的综合利用产品和劳务的销售额和应纳税额。……

……

七、本通知自2015年7月1日起执行。

第五章 即征即退

附件：

资源综合利用产品和劳务增值税优惠目录

类别	序号	综合利用的资源名称	综合利用产品和劳务名称	技术标准和相关条件	退税比例
二、废渣、废水（液）、废气	2.1	废渣	砖瓦（不含烧结普通砖）、砌块、陶粒、墙板、管材（管桩）、混凝土、砂浆、道路井盖、道路护栏、防火材料、耐火材料（镁铬砖除外）、保温材料、矿（岩）棉、微晶玻璃、U型玻璃	产品原料70%以上来自所列资源。	70%
	……	……	……	……	……

> **划重点 消痛点**

本案例中，假定 H 公司 2021 年 10 月不符合财税〔2015〕78 号文件第二条规定的条件以及《资源综合利用产品和劳务增值税优惠目录》规定的技术标准和相关条件，则该公司从次月即 2021 年 11 月起，不再享受财税〔2015〕78 号文件规定的增值税即征即退政策。

199

第七节　新型墙体材料即征即退

第 132 集

销售自产的新型墙体材料，可以享受增值税即征即退优惠政策吗？

I 公司是一家新型墙体材料生产企业，主要生产蒸压粉煤灰多孔砖，该产品属于《财政部　国家税务总局关于新型墙体材料增值税政策的通知》（财税〔2015〕73 号）附件《享受增值税即征即退政策的新型墙体材料目录》所列的新型墙体材料。

该公司 2021 年 7 月销售自产的上述新型墙体材料，符合财税〔2015〕73 号文件第二条规定的条件。

该公司单独核算上述新型墙体材料的销售额和应纳税额。

提问：林老师，该公司销售该项自产的新型墙体材料，可以享受增值税即征即退优惠政策吗？

林老师解答

该公司销售该项自产的新型墙体材料，可以享受增值税即征即退 50% 的优惠政策。

政策依据

财政部　国家税务总局关于新型墙体材料增值税政策的通知

2015 年 6 月 12 日　财税〔2015〕73 号

一、对纳税人销售自产的列入本通知所附《享受增值税即征即退政

第五章 即征即退

策的新型墙体材料目录》（以下简称《目录》）的新型墙体材料，实行增值税即征即退50%的政策。

二、纳税人销售自产的《目录》所列新型墙体材料，其申请享受本通知规定的增值税优惠政策时，应同时符合下列条件：

（一）销售自产的新型墙体材料，不属于国家发展和改革委员会《产业结构调整指导目录》中的禁止类、限制类项目。

（二）销售自产的新型墙体材料，不属于环境保护部《环境保护综合名录》中的"高污染、高环境风险"产品或者重污染工艺。

（三）纳税信用等级不属于税务机关评定的C级或D级。

纳税人在办理退税事宜时，应向主管税务机关提供其符合上述条件的书面声明材料，未提供书面声明材料或者出具虚假材料的，税务机关不得给予退税。

……

四、纳税人应当单独核算享受本通知规定的增值税即征即退政策的新型墙体材料的销售额和应纳税额。……

……

八、本通知自2015年7月1日起执行。

附件：

享受增值税即征即退政策的新型墙体材料目录

一、砖类

……

（三）蒸压粉煤灰多孔砖（符合GB 26541—2011技术要求）……

划重点 消痛点

本案例中，假定I公司因违反税收法律法规于2021年9月收到单次罚款20万元的处罚决定书，则根据财税〔2015〕73号第六条规定，该公司自处罚决定下达的次月即2021年10月起36个月内，不得享受财税〔2015〕73号文件规定的增值税即征即退政策。

第八节　利用风力生产的电力产品即征即退

第 133 集

销售自产的利用风力生产的电力产品，可以享受增值税即征即退优惠政策吗？

J 公司是一家利用风力生产电力产品的企业。

该公司对上述利用风力生产电力产品业务在财务上实行单独核算，2021 年 7 月销售自产的利用风力生产的电力产品取得收入 678 万元。

提问：林老师，该公司销售自产的利用风力生产的电力产品，可以享受增值税即征即退优惠政策吗？

林老师解答

该公司销售自产的利用风力生产的电力产品，可以享受增值税即征即退 50% 的优惠政策。

政策依据

财政部　国家税务总局
关于风力发电增值税政策的通知

2015 年 6 月 12 日　财税〔2015〕74 号

自 2015 年 7 月 1 日起，对纳税人销售自产的利用风力生产的电力产品，实行增值税即征即退 50% 的政策。

第九节　黄金、铂金即征即退

第 134 集

黄金期货交易，可以享受增值税即征即退优惠政策吗？

扫码看视频

K 公司是上海期货交易所会员，2021 年 7 月通过上海期货交易所销售标准黄金（持上海期货交易所开具的《黄金结算专用发票》），发生实物交割并已出库。

该公司对上述黄金期货交易业务在财务上实行单独核算。

提问：林老师，该公司该项黄金期货交易，可以享受增值税即征即退优惠政策吗？

林老师解答

可以。

TAX 政策依据

财政部　国家税务总局
关于黄金期货交易有关税收政策的通知

2008 年 2 月 2 日　财税〔2008〕5 号

一、上海期货交易所会员和客户通过上海期货交易所销售标准黄金（持上海期货交易所开具的《黄金结算专用发票》），……发生实物交割并已出库的，由税务机关按照实际交割价格代开增值税专用发票，并实行增值税即征即退的政策……

其中，标准黄金是指：成色为 AU9999、AU9995、AU999、AU995；规格为 50 克、100 克、1 公斤、3 公斤、12.5 公斤的黄金。

划重点　消痛点

本案例中，K 公司由税务机关按照实际交割价格代开增值税专用发票，该增值税专用发票中的单价、金额和税额的计算公式分别如下：

单价 = 实际交割单价 ÷（1+ 增值税税率）

金额 = 数量 × 单价

税额 = 金额 × 税率

实际交割单价是指不含上海期货交易所收取的手续费的单位价格。

第 135 集

销售自产的铂金，可以享受增值税即征即退优惠政策吗？

L 公司是一家国内铂金生产企业。

该公司对其自产铂金销售业务在财务上实行单独核算，2021 年 7 月取得自产铂金销售收入 791 万元。

提问：林老师，该公司销售自产铂金，可以享受增值税即征即退优惠政策吗？

林老师解答

可以。

第五章 即征即退

> **政策依据**
>
> **财政部　国家税务总局**
> **关于铂金及其制品税收政策的通知**
>
> 2003年4月28日　财税〔2003〕86号
>
> 四、国内铂金生产企业自产自销的铂金也实行增值税即征即退政策。
>
> ……
>
> 十、本通知自2003年5月1日起执行。

划重点　消痛点

本案例中，假定L公司属于铂金制品加工企业，则其销售铂金及其制品取得的收入，应按规定计算缴纳增值税。

温馨提醒

铂金制品流通企业销售铂金及其制品取得的收入，也应按规定计算缴纳增值税。

第六章 先征后退

第一节 出版物先征后退

第 136 集

专为少年儿童出版发行的出版物，可以享受增值税先征后退优惠政策吗？

甲杂志社是一家少儿刊物出版单位，出版发行以初中及初中以下少年儿童为主要对象的期刊，已取得了相关出版物出版许可证。

该杂志社对上述专为少年儿童出版发行的期刊在财务上实行单独核算，2021 年 7 月取得上述期刊的出版收入 80 万元。

提问： 林老师，该杂志社取得的该项出版收入，可以享受增值税先征后退优惠政策吗？

林老师解答

该杂志社取得的该项出版收入，可以享受增值税 100% 先征后退的优惠政策。

政策依据

财政部　税务总局
关于延续宣传文化增值税优惠政策的公告

2021 年 3 月 22 日　财政部　税务总局公告 2021 年第 10 号

一、自 2021 年 1 月 1 日起至 2023 年 12 月 31 日，执行下列增值税先征后退政策。

（一）对下列出版物在出版环节执行增值税100%先征后退的政策：

……

2.专为少年儿童出版发行的报纸和期刊，中小学的学生教科书。

……

四、享受本公告第一条第（一）项、第（二）项规定的增值税先征后退政策的纳税人，必须是具有相关出版物出版许可证的出版单位（含以"租型"方式取得专有出版权进行出版物印刷发行的出版单位）。……

纳税人应当将享受上述税收优惠政策的出版物在财务上实行单独核算，不进行单独核算的不得享受本公告规定的优惠政策。……

……

七、本公告的有关定义

（一）本公告所述"出版物"，是指根据国务院出版行政主管部门的有关规定出版的图书、报纸、期刊、音像制品和电子出版物。所述图书、报纸和期刊，包括随同图书、报纸、期刊销售并难以分离的光盘、软盘和磁带等信息载体。

（二）图书、报纸、期刊（即杂志）的范围，按照《国家税务总局关于印发〈增值税部分货物征税范围注释〉的通知》（国税发〔1993〕151号）的规定执行；音像制品、电子出版物的范围，按照《财政部 税务总局关于简并增值税税率有关政策的通知》（财税〔2017〕37号）的规定执行。

（三）本公告所述"专为少年儿童出版发行的报纸和期刊"，是指以初中及初中以下少年儿童为主要对象的报纸和期刊。

……

八、本公告自2021年1月1日起执行。《财政部 税务总局关于延续宣传文化增值税优惠政策的通知》（财税〔2018〕53号）同时废止。

溪发说税之增值税优惠篇

划重点　消痛点

根据财政部　税务总局公告2021年第10号第一条第（一）项的规定，在出版环节享受增值税100%先征后退政策的出版物，除本案例中的"专为少年儿童出版发行的报纸和期刊，中小学的学生教科书"之外，还包括下列出版物：

1.中国共产党和各民主党派的各级组织的机关报纸和机关期刊，各级人大、政协、政府、工会、共青团、妇联、残联、科协的机关报纸和机关期刊，新华社的机关报纸和机关期刊，军事部门的机关报纸和机关期刊。

上述各级组织不含其所属部门。机关报纸和机关期刊增值税先征后退范围掌握在一个单位一份报纸和一份期刊以内。

2.专为老年人出版发行的报纸和期刊。

3.少数民族文字出版物。

4.盲文图书和盲文期刊。

5.经批准在内蒙古、广西、西藏、宁夏、新疆五个自治区内注册的出版单位出版的出版物。

6.列入财政部　税务总局公告2021年第10号附件1的图书、报纸和期刊，名单如下：

（1）《半月谈》（CN11-1271/D）和《半月谈内部版》（CN11-1599/D）

（2）新华通讯社的刊号为CN11-1363/D、CN11-4165/D、CN11-4166/D、CN11-4164/D、CN11-4139/D和CN11-4140/D的期刊

（3）《法制日报》（CN11-0080）

（4）《检察日报》（CN11-0187）

（5）《人民法院报》（CN11-0194）

（6）《中国日报》（CN11-0091）

（7）《中国纪检监察报》（CN11-0176）

（8）《光明日报》（CN11-0026）

（9）《经济日报》（CN11-0014）

第六章 先征后退

（10）《农民日报》（CN11-0055）

（11）《人民公安报》（CN11-0090）

（12）《中国妇女》［CN11-1245/C，CN11-1704/C（英文）］

（13）《长安》（CN11-3295/D）

（14）《中国火炬》（CN11-3316/C）

（15）《中国纪检监察》（CN10-1269/D）

（16）《环球时报》［CN11-0215，CN11-0272（英文版）］

（17）《中共中央办公厅通讯》［CN11-4129/D］

（18）《科技日报》［CN11-0078］

（19）国务院侨务办公室组织编写的背面印有"本书国务院侨办推展海外华文教育免费赠送"字样的华文教材（含多媒体教材）。

知识链接

什么是增值税先征后退？

对纳税人按税法规定缴纳的增值税税款，先由税务机关征收入库后，再由税务机关按规定程序给予该纳税人部分或全部退还增值税税款，即为增值税先征后退。

第 137 集 少数民族文字出版物的印刷业务，可以享受增值税先征后退优惠政策吗？

乙公司是一家印刷企业，2021年7月承接少数民族文字出版物印刷业务，取得印刷收入100万元。

该公司对上述业务在财务上实行单独核算。

提问：林老师，该公司取得的该项印刷收入，可以享受增值税先征后退优惠政策吗？

林老师解答

该公司取得的该项印刷收入，可以享受增值税100%先征后退的优惠政策。

政策依据

财政部　税务总局
关于延续宣传文化增值税优惠政策的公告

2021年3月22日　财政部　税务总局公告2021年第10号

一、自2021年1月1日起至2023年12月31日，执行下列增值税先征后退政策。

……

（三）对下列印刷、制作业务执行增值税100%先征后退的政策：

1. 对少数民族文字出版物的印刷或制作业务。

第六章 先征后退

划重点 消痛点

根据财政部 税务总局公告 2021 年第 10 号第一条第（三）项的规定，享受增值税 100% 先征后退政策的印刷、制作业务，除本案例中的"对少数民族文字出版物的印刷或制作业务"之外，还包括列入财政部 税务总局公告 2021 年第 10 号附件 3 的新疆维吾尔自治区印刷企业的印刷业务，这些印刷企业名单如下：

序号	企业名称	序号	企业名称
1	新疆新华印刷厂	14	乌鲁木齐隆益达印务有限公司
2	新疆日报社印务中心	15	乌鲁木齐晚报印务有限公司
3	新疆金版印务有限公司	16	新疆恒远中汇彩印包装股份有限公司
4	新疆新华印刷二厂	17	乌鲁木齐市一龙祥瑞包装印务有限公司
5	乌鲁木齐市海洋彩印有限公司	18	乌鲁木齐网典方正多媒体制作有限公司
6	新疆兴华夏彩印有限公司	19	乌鲁木齐市冠雄印刷有限公司
7	新疆双星彩印有限责任公司	20	乌鲁木齐大路印务有限公司
8	乌鲁木齐旭鸿工贸有限公司	21	新疆统计印刷厂
9	新疆育人教育招生考试印务有限公司	22	新疆兴东印刷包装有限公司
10	新疆大众彩印有限责任公司	23	乌鲁木齐精彩阳光印刷包装有限公司
11	乌鲁木齐松瑞印刷有限公司	24	伊犁日报印务有限责任公司
12	新疆维吾尔自治区财政厅印刷厂	25	哈密日报社印务中心（有限公司）
13	新疆翼百丰印务有限公司	26	阿克苏飞达印务有限责任公司

续表

序号	企业名称	序号	企业名称
27	新疆阿克苏新华印务有限责任公司	43	新疆八艺印刷厂
28	新疆天利人印务有限公司	44	新疆新华华龙印务有限责任公司
29	昌吉州升华印刷有限责任公司	45	乌鲁木齐市科恒彩印有限公司
30	新疆朝阳印刷有限责任公司	46	新疆超亚印刷有限公司
31	新疆准东顶佳工贸有限责任公司	47	乌鲁木齐新盾印务有限公司
32	新疆巴音郭楞日报社印刷厂	48	乌鲁木齐红色印务包装有限公司
33	巴州好彩彩印有限责任公司	49	乌鲁木齐市博文印务有限公司
34	喀什日报社印刷厂	50	新疆新七彩印刷有限公司
35	喀什维吾尔文出版社彩印厂	51	乌鲁木齐八家户彩印有限公司
36	新疆日报社南疆印务中心	52	新疆思源印务有限公司
37	新疆和田日报社印刷厂	53	新疆生产建设兵团印刷厂
38	阿勒泰地区泰昇报业印务有限责任公司	54	石河子报社印刷厂
39	博尔塔拉蒙古自治州博报印务有限责任公司	55	新疆伊力特印务有限责任公司
40	克州盛东印刷有限责任公司	56	阿克苏声远彩印有限公司
41	新疆塔城中信天成印刷有限责任公司	57	新疆红圣彤彩印包装有限公司
42	乌鲁木齐大金马印务有限责任公司	58	昌吉市新泰阳印刷包装有限公司

第六章 先征后退

第 138 集
经济类报纸可以享受增值税先征后退优惠政策吗？

扫码看视频

丙报社是一家取得相关出版物出版许可证的出版单位，2021年7月出版发行经济类报纸取得收入200万元，该报社对上述业务在财务上实行单独核算。

该经济类报纸属于列入《财政部 税务总局关于延续宣传文化增值税优惠政策的公告》（财政部 税务总局公告2021年第10号）附件2的报纸。

提问：林老师，该报社取得的该项出版收入，可以享受增值税先征后退优惠政策吗？

林老师解答

该报社取得的该项出版收入，可以享受增值税先征后退50%的优惠政策。

TAX 政策依据

财政部 税务总局
关于延续宣传文化增值税优惠政策的公告

2021年3月22日 财政部 税务总局公告2021年第10号

一、自2021年1月1日起至2023年12月31日，执行下列增值税先征后退政策。

……

（二）对下列出版物在出版环节执行增值税先征后退50%的政策：

……

213

2. 列入本公告附件 2 的报纸。

附件 2：

适用增值税 50% 先征后退政策的报纸名单

类别	享受政策的报纸	代码
二、行业专业类报纸	1. 经济类报纸	201
	……	……
	……	……
	……	……

划重点 消痛点

根据财政部 税务总局公告 2021 年第 10 号第一条第（二）项的规定，在出版环节执行增值税先征后退 50% 政策的出版物，除本案例中的列入财政部 税务总局公告 2021 年第 10 号附件 2 的报纸之外，还包括各类图书、期刊、音像制品、电子出版物，但财政部 税务总局公告 2021 年第 10 号第一条第（一）项规定执行增值税 100% 先征后退的出版物除外。

第六章　先征后退

第 139 集
已按软件产品享受增值税退税政策的电子出版物，可以享受增值税先征后退优惠政策吗？

扫码看视频

丁出版社是一家取得相关出版物出版许可证的出版单位，属于增值税一般纳税人，2021 年 7 月出版电子出版物，取得收入 300 万元，已按软件产品享受增值税退税政策。

提问：林老师，该出版社取得的该项电子出版物出版收入，可以再享受增值税先征后退优惠政策吗？

林老师解答

不可以。

政策依据

财政部　税务总局
关于延续宣传文化增值税优惠政策的公告

2021 年 3 月 22 日　财政部　税务总局公告 2021 年第 10 号

五、已按软件产品享受增值税退税政策的电子出版物不得再按本公告申请增值税先征后退政策。

215

第二节　核力发电企业先征后退

扫码看视频

第 140 集

核力发电企业生产销售电力产品，可以享受增值税先征后退优惠政策吗？

戊公司是一家核力发电企业，其新建的核电机组于 2021 年 6 月正式商业投产，该核电机组于当月产出电力产品并对外销售电力产品。

该公司分别核算核电机组电力产品的销售额。

提问：林老师，该公司生产销售电力产品，可以享受增值税先征后退优惠政策吗？

林老师解答

该公司生产销售电力产品，自核电机组正式商业投产次月即 2021 年 7 月起 15 个年度内，分阶段按不同返还比例享受增值税先征后退优惠政策。

TAX 政策依据

财政部　国家税务总局
关于核电行业税收政策有关问题的通知

2008 年 4 月 3 日　财税〔2008〕38 号

一、关于核力发电企业的增值税政策

（一）核力发电企业生产销售电力产品，自核电机组正式商业投产

第六章 先征后退

次月起 15 个年度内，统一实行增值税先征后退政策，返还比例分三个阶段逐级递减。具体返还比例为：

1. 自正式商业投产次月起 5 个年度内，返还比例为已入库税款的 75%；

2. 自正式商业投产次月起的第 6 至第 10 个年度内，返还比例为已入库税款的 70%；

3. 自正式商业投产次月起的第 11 至第 15 个年度内，返还比例为已入库税款的 55%；

4. 自正式商业投产次月起满 15 个年度以后，不再实行增值税先征后退政策。

（二）核力发电企业采用按核电机组分别核算增值税退税额的办法，企业应分别核算核电机组电力产品的销售额……

划重点　消痛点

本案例中，假定戊公司未分别核算核电机组电力产品的销售额，则不能享受增值税先征后退政策。

第三节　抽采销售煤层气先征后退

第 141 集

抽采销售煤层气取得的收入，可以享受增值税先征后退优惠政策吗？

己公司是一家煤层气抽采企业，属于增值税一般纳税人。

该公司将抽采销售煤层气业务在财务上实行单独核算，2021年7月抽采销售煤层气取得收入60万元，开具增值税普通发票。

提问：林老师，该公司抽采销售煤层气取得的收入，可以享受增值税先征后退优惠政策吗？

林老师解答

可以。

政策依据

财政部　国家税务总局
关于加快煤层气抽采有关税收政策问题的通知

2007年2月7日　财税〔2007〕16号

一、对煤层气抽采企业的增值税一般纳税人抽采销售煤层气实行增值税先征后退政策。……

煤层气是指赋存于煤层及其围岩中与煤炭资源伴生的非常规天然气，也称煤矿瓦斯。

煤层气抽采企业应将享受增值税先征后退政策的业务和其他业务分

第六章 先征后退

> 别核算,不能分别准确核算的,不得享受增值税先征后退政策。
> ……
> 六、本通知自2007年1月1日起执行。……

划重点 消痛点

本案例中,假定己公司将先征后退税款专项用于煤层气技术的研究和扩大再生产,则对该退税款不征收企业所得税。

219

第七章　出口退（免）税

第一节　增值税退（免）税办法

第 142 集

生产企业出口自产的货物，适用何种增值税退（免）税办法？

A 公司是一家食品生产企业，2021 年 6 月自营出口一批自产的食品，海关出口报关单上注明的出口日期在当月。

该批食品属于适用增值税退（免）税政策的出口货物。

提问：林老师，该公司出口该批食品，适用何种增值税退（免）税办法？

林老师解答

该公司出口该批食品，适用免抵退税办法。

政策依据

财政部　国家税务总局
关于出口货物劳务增值税和消费税政策的通知
2012 年 5 月 25 日　财税〔2012〕39 号

二、增值税退（免）税办法

适用增值税退（免）税政策的出口货物劳务，按照下列规定实行增值税免抵退税或免退税办法。

第七章 出口退（免）税

（一）免抵退税办法。生产企业出口自产货物……，免征增值税，相应的进项税额抵减应纳增值税额（不包括适用增值税即征即退、先征后退政策的应纳增值税额），未抵减完的部分予以退还。

知识链接

1 什么是增值税出口退税？

税务机关对纳税人出口货物、对外提供加工修理修配劳务等，退还其在国内各生产环节和流转环节按税法规定已缴纳的增值税，即为增值税出口退税。

2. 什么是生产企业？

根据财税〔2012〕39号文件第一条第（一）项的规定，生产企业是指具有生产能力（包括加工修理修配能力）的单位或个体工商户。

3. 什么是出口企业？

根据财税〔2012〕39号文件第一条第（一）项的规定，出口企业是指依法办理工商登记、税务登记、对外贸易经营者备案登记，自营或委托出口货物的单位或个体工商户，以及依法办理工商登记、税务登记但未办理对外贸易经营者备案登记，委托出口货物的生产企业。

4. 什么是出口货物？

根据财税〔2012〕39号文件第一条第（一）项的规定，出口货物是指向海关报关后实际离境并销售给境外单位或个人的货物，分为自营出口货物和委托出口货物两类。

第 143 集
外贸企业出口购进的货物，适用何种增值税退（免）税办法？

B公司是一家外贸企业，属于不具有生产能力的出口企业。

该公司于2021年5月采购一批工艺品，已取得增值税专用发票。

该公司于2021年6月自营出口该批工艺品，海关出口报关单上注明的出口日期在当月。

该批工艺品属于适用增值税退（免）税政策的出口货物。

提问：林老师，该公司出口购进的工艺品，适用何种增值税退（免）税办法？

林老师解答

该公司出口该批工艺品，适用免退税办法。

第七章 出口退（免）税

> **政策依据**
>
> **财政部　国家税务总局**
> **关于出口货物劳务增值税和消费税政策的通知**
>
> 2012年5月25日　财税〔2012〕39号
>
> 二、增值税退（免）税办法
> 适用增值税退（免）税政策的出口货物劳务，按照下列规定实行增值税免抵退税或免退税办法。
>
> ……
>
> （二）免退税办法。不具有生产能力的出口企业（以下称外贸企业）或其他单位出口货物劳务，免征增值税，相应的进项税额予以退还。

知识链接

跨境应税行为，适用何种增值税退（免）税办法？

根据财税〔2016〕36号文件附件4《跨境应税行为适用增值税零税率和免税政策的规定》第四条第一款的规定，境内的单位和个人跨境提供适用增值税零税率的服务或者无形资产适用的退（免）税办法如下：

1. 如果属于适用简易计税方法的，实行免征增值税办法。

2. 如果属于适用增值税一般计税方法的，生产企业实行免抵退税办法，外贸企业外购服务或者无形资产出口实行免退税办法，外贸企业直接将服务或自行研发的无形资产出口，视同生产企业连同其出口货物统一实行免抵退税办法。

第二节 出口退税率

第 144 集
生产企业出口自产的货物，增值税出口退税率应如何确定？

C公司是一家仪器设备生产企业，2019年8月自营出口一台自产的仪器设备，海关出口报关单上注明的出口日期在当月。

该台仪器设备属于适用增值税退（免）税政策的出口货物，在2019年4月1日之前适用16%税率且出口退税率为16%。

提问：林老师，该公司出口该台仪器设备，增值税出口退税率应如何确定？

林老师解答

出口退税率为13%。

TAX 政策依据

财政部 税务总局 海关总署
关于深化增值税改革有关政策的公告

2019年3月20日 财政部 税务总局 海关总署公告2019年39号

三、原适用16%税率且出口退税率为16%的出口货物劳务，出口退税率调整为13%；……

2019年6月30日前（含2019年4月1日前），纳税人出口前款所涉货物劳务、发生前款所涉跨境应税行为，适用增值税免退税办法的，

第七章 出口退（免）税

购进时已按调整前税率征收增值税的，执行调整前的出口退税率，购进时已按调整后税率征收增值税的，执行调整后的出口退税率；适用增值税免抵退税办法的，执行调整前的出口退税率，在计算免抵退税时，适用税率低于出口退税率的，适用税率与出口退税率之差视为零参与免抵退税计算。

出口退税率的执行时间及出口货物劳务、发生跨境应税行为的时间，按照以下规定执行：报关出口的货物劳务（保税区及经保税区出口除外），以海关出口报关单上注明的出口日期为准；……

财政部　国家税务总局
关于出口货物劳务增值税和消费税政策的通知

2012年5月25日　财税〔2012〕39号

三、增值税出口退税率

（一）除财政部和国家税务总局根据国务院决定而明确的增值税出口退税率（以下称退税率）外，出口货物的退税率为其适用税率。国家税务总局根据上述规定将退税率通过出口货物劳务退税率文库予以发布，供征纳双方执行。退税率有调整的，除另有规定外，其执行时间以货物（包括被加工修理修配的货物）出口货物报关单（出口退税专用）上注明的出口日期为准。

划重点　消痛点

根据财政部　税务总局　海关总署公告2019年39号第三条第一款的规定，在2019年4月1日之前原适用10%税率且出口退税率为10%的出口货物、跨境应税行为，出口退税率调整为9%。

溪发说税之增值税优惠篇

第145集
外贸企业出口货物，增值税出口退税率应如何确定？

D公司是一家外贸企业，属于不具有生产能力的出口企业。

该公司于2021年6月自营出口一台购进的设备，海关出口报关单上注明的出口日期在当月。

该台设备属于适用增值税退（免）税政策的出口货物，购进时按简易办法征税，已取得3%税率的增值税专用发票。

根据《国家税务总局关于发布出口退税率文库2021B版的通知》（税总函〔2021〕77号）发布的"2021B版出口退税率文库"，该台设备出口退税率为13%。

提问：林老师，该公司出口该台设备，增值税出口退税率应如何确定？

林老师解答

该公司出口该台设备，增值税出口退税率按照增值税专用发票上的税率3%和出口货物退税率13%孰低的原则确定，即出口退税率为3%。

政策依据

财政部　国家税务总局
关于出口货物劳务增值税和消费税政策的通知
2012年5月25日　财税〔2012〕39号

三、增值税出口退税率

……

第七章 出口退（免）税

（二）退税率的特殊规定：

1. 外贸企业购进按简易办法征税的出口货物、……，其退税率分别为简易办法实际执行的征收率、……。上述出口货物取得增值税专用发票的，退税率按照增值税专用发票上的税率和出口货物退税率孰低的原则确定。

国家税务总局关于发布出口退税率文库2021B版的通知

2021年4月27日　税总函〔2021〕77号

根据《财政部　税务总局关于取消部分钢铁产品出口退税的公告》（2021年第16号）有关出口退税率调整的规定，国家税务总局编制了2021B版出口退税率文库（以下简称"文库"）。现将有关事项通知如下：

一、文库放置在国家税务总局可控FTP系统（100.16.92.60）"程序发布"目录下。请各地及时下载，对出口退税审核系统进行文库升级，并将文库及时发放给出口企业。

第146集
委托加工发生的修理修配费用，增值税出口退税率应如何确定？

扫码看视频

E公司于2021年5月委托F公司加工一批产品，已支付委托加工费并取得13%税率的增值税专用发票。

E公司于2021年6月自营出口上述产品，海关出口报关单上注明的出口日期在当月。

该批产品属于适用增值税退（免）税政策的出口货物，出口退税率为9%。

提问：林老师，该公司出口的该批委托加工产品，其加工修理修配费用的退税率应如何确定？

溪发说税之增值税优惠篇

林老师解答

该公司出口的该批委托加工产品，其加工修理修配费用的退税率为出口产品的退税率，即为9%。

TAX 政策依据

财政部　国家税务总局
关于出口货物劳务增值税和消费税政策的通知

2012年5月25日　财税〔2012〕39号

三、增值税出口退税率
……
（二）退税率的特殊规定：
……
2. 出口企业委托加工修理修配货物，其加工修理修配费用的退税率，为出口货物的退税率。

知识链接

跨境应税行为的增值税出口退税率应如何确定？

根据《财政部　国家税务总局关于全面推开营业税改征增值税试点的通知》（财税〔2016〕36号）附件4《跨境应税行为适用增值税零税率和免税政策的规定》第四条第二款的规定，境内的单位和个人跨境提供适用增值税零税率的服务或者无形资产，退税率为其适用的增值税税率。

228

第七章 出口退（免）税

第 147 集
未能分开报关、核算不同退税率的货物，增值税出口退税率应如何确定？

扫码看视频

G 公司于 2021 年 6 月自营出口一批分别对应两种不同产品编码的非零售包装的医用杀菌剂，海关出口报关单上注明的出口日期在当月；这批杀菌剂按对应的产品编码分别适用 9%、13% 两种不同的出口退税率。

该公司对上述适用不同退税率的杀菌剂未分开报关、核算。

提问：林老师，该公司出口该批杀菌剂，其退税率应如何确定？

林老师解答

该公司出口适用不同退税率的杀菌剂，未分开报关、核算，从低适用退税率，即退税率为 9%。

TAX 政策依据

财政部　国家税务总局
关于出口货物劳务增值税和消费税政策的通知

2012 年 5 月 25 日　财税〔2012〕39 号

三、增值税出口退税率

……

（三）适用不同退税率的货物劳务，应分开报关、核算并申报退（免）税，未分开报关、核算或划分不清的，从低适用退税率。

财政部　税务总局
关于提高部分产品出口退税率的公告

2020年3月17日　财政部　税务总局公告2020年第15号

一、将瓷制卫生器具等1084项产品出口退税率提高至13%；将植物生长调节剂等380项产品出口退税率提高至9%。具体产品清单见附件。

二、本公告自2020年3月20日起实施。本公告所列货物适用的出口退税率，以出口货物报关单上注明的出口日期界定。

附件：

提高出口退税率的产品清单

序号	产品编码	产品名称	调整后退税率（%）
……	……	……	……
1024	38089290101	按9%征税的非零售包装的医用杀菌剂	9
1025	38089290102	按13%征税的非零售包装的医用杀菌剂	13
……	……	……	……

划重点　消痛点

本案例中，假定G公司对上述适用不同退税率的杀菌剂分开报关、核算，则该公司出口的杀菌剂，按对应的产品编码分别适用9%、13%两种不同的出口退税率。

第三节　增值税退（免）税的计税依据

第 148 集　生产企业出口自产货物，增值税退（免）税的计税依据应如何确定？

H 公司是一家服装生产企业，2021 年 6 月自营出口一批自产的服装。

该批服装不属于进料加工复出口货物，其实际离岸价（FOB）折合人民币为 64 万元。

该批服装属于适用增值税退（免）税政策的出口货物。

提问：林老师，该公司出口自产的服装，增值税退（免）税的计税依据应如何确定？

林老师解答

该公司出口该批服装，其增值税退（免）税的计税依据，为实际离岸价（FOB）人民币 64 万元。

政策依据

财政部　国家税务总局
关于出口货物劳务增值税和消费税政策的通知
2012 年 5 月 25 日　财税〔2012〕39 号

四、增值税退（免）税的计税依据

出口货物劳务的增值税退（免）税的计税依据，按出口货物劳务的出口发票（外销发票）、其他普通发票或购进出口货物劳务的增值税专用发票、海关进口增值税专用缴款书确定。

（一）生产企业出口货物劳务（进料加工复出口货物除外）增值税退（免）税的计税依据，为出口货物劳务的实际离岸价（FOB）。……

划重点　消痛点

本案例中，假定 H 公司出口发票不能反映实际离岸价，则主管税务机关有权予以核定。

第 149 集 生产企业进料加工复出口货物，增值税退（免）税的计税依据应如何确定？

I 公司是一家电子产品生产企业，2021 年 5 月从境外单位购买并从海关保税仓库提取且办理海关进料加工手续的料件一批。

该公司 2021 年 6 月将该批料件加工成电子产品后自营出口，海关出口报关单上注明的出口日期在当月。

该批电子产品属于适用增值税退（免）税政策的出口货物，其实际离岸价（FOB）折合人民币为 127 万元，所含的海关保税进口料件的金额折合人民币为 96 万元。

提问：林老师，该公司进料加工复出口该批电子产品，增值税退（免）税的计税依据应如何确定？

第七章 出口退（免）税

林老师解答

该公司进料加工复出口该批电子产品，其增值税退（免）税的计税依据，为实际离岸价（FOB）人民币127万元扣除所含的海关保税进口料件的金额人民币96万元后的余额人民币31万元。

政策依据

财政部　国家税务总局
关于出口货物劳务增值税和消费税政策的通知

2012年5月25日　财税〔2012〕39号

四、增值税退（免）税的计税依据

出口货物劳务的增值税退（免）税的计税依据，按出口货物劳务的出口发票（外销发票）、其他普通发票或购进出口货物劳务的增值税专用发票、海关进口增值税专用缴款书确定。

……

（二）生产企业进料加工复出口货物增值税退（免）税的计税依据，按出口货物的离岸价（FOB）扣除出口货物所含的海关保税进口料件的金额后确定。

本通知所称海关保税进口料件，是指海关以进料加工贸易方式监管的出口企业从境外和特殊区域等进口的料件。包括出口企业从境外单位或个人购买并从海关保税仓库提取且办理海关进料加工手续的料件，以及保税区外的出口企业从保税区内的企业购进并办理海关进料加工手续的进口料件。

溪发说税之增值税优惠篇

扫码看视频

第150集 生产企业国内购进免税原材料加工后出口的货物，增值税退（免）税的计税依据应如何确定？

J公司是一家化工产品生产企业，2021年5月在国内购进一批免税原材料，该批原材料无进项税额且不计提进项税额。

该公司于2021年6月将该批原材料加工成化工产品后自营出口，海关出口报关单上注明的出口日期在当月。

该批化工产品属于适用增值税退（免）税政策的出口货物，其实际离岸价（FOB）折合人民币为256万元，所含的国内购进免税原材料的金额为240万元。

提问：林老师，该公司国内购进免税原材料加工后出口的化工产品，增值税退（免）税的计税依据应如何确定？

林老师解答

该公司出口该批化工产品，其增值税退（免）税的计税依据，为实际离岸价（FOB）256万元扣除所含的国内购进免税原材料的金额240万元后的余额16万元。

TAX 政策依据

财政部　国家税务总局
关于出口货物劳务增值税和消费税政策的通知

2012年5月25日　财税〔2012〕39号

四、增值税退（免）税的计税依据

出口货物劳务的增值税退（免）税的计税依据，按出口货物劳务的

第七章 出口退（免）税

出口发票（外销发票）、其他普通发票或购进出口货物劳务的增值税专用发票、海关进口增值税专用缴款书确定。

……

（三）生产企业国内购进无进项税额且不计提进项税额的免税原材料加工后出口的货物的计税依据，按出口货物的离岸价（FOB）扣除出口货物所含的国内购进免税原材料的金额后确定。

第 151 集
外贸企业出口货物，增值税退（免）税的计税依据应如何确定？

扫码看视频

K 公司是一家外贸企业，属于不具有生产能力的出口企业。

该公司于 2021 年 6 月自营出口一批购进的鞋帽，海关出口报关单上注明的出口日期在当月。

该批鞋帽不属于委托加工修理修配货物，取得的增值税专用发票注明的不含税金额为 50 万元。

该批鞋帽属于适用增值税退（免）税政策的出口货物。

提问：林老师，该公司出口该批鞋帽，增值税退（免）税的计税依据应如何确定？

林老师解答

该公司出口购进的鞋帽，其增值税退（免）税的计税依据，为购进出口鞋帽的增值税专用发票注明的金额 50 万元。

溪发说税之增值税优惠篇

> **政策依据**
>
> **财政部　国家税务总局**
> **关于出口货物劳务增值税和消费税政策的通知**
>
> 2012年5月25日　财税〔2012〕39号
>
> 四、增值税退（免）税的计税依据
>
> 出口货物劳务的增值税退（免）税的计税依据，按出口货物劳务的出口发票（外销发票）、其他普通发票或购进出口货物劳务的增值税专用发票、海关进口增值税专用缴款书确定。
>
> ……
>
> （四）外贸企业出口货物（委托加工修理修配货物除外）增值税退（免）税的计税依据，为购进出口货物的增值税专用发票注明的金额……

划重点　消痛点

本案例中，假定 K 公司购进出口货物时取得的凭证是海关进口增值税专用缴款书，该专用缴款书注明的完税价格为人民币 100 万元，则其增值税退（免）税的计税依据，为海关进口增值税专用缴款书注明的金额 100 万元。

第 152 集　外贸企业出口委托加工修理修配货物，增值税退（免）税的计税依据应如何确定？

L 公司是一家外贸企业，属于不具有生产能力的出口企业。

该公司于 2021 年 5 月从国内购进原辅材料，取得的增值税专用发票上注明的不含税金额为 80 万元。该公司当月将上述原辅材料委托生产企业 M 公司加工成产品；按照委托加工合同约定，该公司将上述原辅材料以购进价格销售给 M 公司，并向其开具增值税专用发票。

2021 年 6 月该公司收回上述委托加工产品，并向 M 公司支付加工费 10 万元（不含增值税），M 公司将上述原辅材料成本并入加工修理修配费用开具增值税专用发票给该公司，专用发票上注明的不含税金额为 90 万元。

该公司 2021 年 6 月自营出口上述委托加工产品，海关出口报关单上注明的出口日期在当月。

该批产品属于适用增值税退（免）税政策的出口货物。

提问：林老师，该公司出口该批产品，增值税退（免）税的计税依据应如何确定？

林老师解答

该公司出口该批产品，其增值税退（免）税的计税依据，为加工修理修配费用增值税专用发票注明的金额 90 万元。

溪发说税之增值税优惠篇

> **政策依据**
>
> **财政部　国家税务总局**
> **关于出口货物劳务增值税和消费税政策的通知**
>
> 2012年5月25日　财税〔2012〕39号
>
> 四、增值税退（免）税的计税依据
>
> 出口货物劳务的增值税退（免）税的计税依据，按出口货物劳务的出口发票（外销发票）、其他普通发票或购进出口货物劳务的增值税专用发票、海关进口增值税专用缴款书确定。
>
> ……
>
> （五）外贸企业出口委托加工修理修配货物增值税退（免）税的计税依据，为加工修理修配费用增值税专用发票注明的金额。外贸企业应将加工修理修配使用的原材料（进料加工海关保税进口料件除外）作价销售给受托加工修理修配的生产企业，受托加工修理修配的生产企业应将原材料成本并入加工修理修配费用开具发票。

划重点　消痛点

本案例中，L公司出口该批产品增值税退（免）税的计税依据为90万元，包括原辅材料成本80万元和加工费10万元。

知识链接

跨境应税行为的增值税退（免）税的计税依据应如何确定？

根据《国家税务总局关于发布〈适用增值税零税率应税服务退（免）税管理办法〉的公告》（国家税务总局公告2014年第11号）第六条的

第七章 出口退（免）税

规定，增值税零税率应税服务的退（免）税计税依据，按照下列规定确定：

（一）实行免抵退税办法的退（免）税计税依据

1. 以铁路运输方式载运旅客的，为按照铁路合作组织清算规则清算后的实际运输收入；

2. 以铁路运输方式载运货物的，为按照铁路运输进款清算办法，对"发站"或"到站（局）"名称包含"境"字的货票上注明的运输费用以及直接相关的国际联运杂费清算后的实际运输收入；

3. 以航空运输方式载运货物或旅客的，如果国际运输或港澳台运输各航段由多个承运人承运的，为中国航空结算有限责任公司清算后的实际收入；如果国际运输或港澳台运输各航段由一个承运人承运的，为提供航空运输服务取得的收入；

4. 其他实行免抵退税办法的增值税零税率应税服务，为提供增值税零税率应税服务取得的收入。

（二）实行免退税办法的退（免）税计税依据为购进应税服务的增值税专用发票或解缴税款的中华人民共和国税收缴款凭证上注明的金额。

第四节　出口退税额的计算

第 153 集

生产企业出口自产货物，增值税免抵退税应如何计算？

N公司是一家适用免抵退税办法的化工产品生产企业，属于增值税一般纳税人。

该公司于2021年6月以一般贸易方式出口一批自产的化工产品，离岸价格（FOB）为500万美元，外汇人民币折合率为1美元：6.40元人民币。该出口货物征税率为13%、退税率为9%，出口业务符合免抵退税正式申报条件。

该公司当月内销货物，其不含增值税的销售额为2000万元；当月购入材料的进项税额为390万元，取得增值税专用发票。

该公司上期留抵税额为零，当月无免税购进的原材料。

提问：林老师，该公司出口该批化工产品，当月的增值税免抵退税应如何计算？

林老师解答

该公司出口该批化工产品，当月的增值税免抵退税计算如下：

1. 计算当期应纳税额

当期不得免征和抵扣税额
= 当期出口货物离岸价 × 外汇人民币折合率 ×（出口货物适用税率 − 出口货物退税率）− 当期不得免征和抵扣税额抵减额

$= 500 \times 6.40 \times (13\% - 9\%) - 0$

$= 128$(万元)

当期应纳税额

= 当期销项税额 – (当期进项税额 – 当期不得免征和抵扣税额)

$= 2000 \times 13\% - (390 - 128)$

$= -2$(万元)

应纳税额为负数,期末留抵税额为2万元。

2. 计算当期免抵退税额

当期免抵退税额

= 当期出口货物离岸价 × 外汇人民币折合率 × 出口货物退税率

$= 500 \times 6.40 \times 9\%$

$= 288$(万元)

3. 计算当期应退税额和免抵税额

当期期末留抵税额2万元 < 当期免抵退税额288万元,则:

当期应退税额 = 当期期末留抵税额 = 2万元

当期免抵税额 = 当期免抵退税额 – 当期应退税额 = 288 – 2 = 286 (万元)

政策依据

财政部 国家税务总局
关于出口货物劳务增值税和消费税政策的通知

2012年5月25日 财税〔2012〕39号

五、增值税免抵退税和免退税的计算

(一)生产企业出口货物劳务增值税免抵退税,依下列公式计算:

1. 当期应纳税额的计算

当期应纳税额 = 当期销项税额 – (当期进项税额 – 当期不得免征和抵扣税额)

当期不得免征和抵扣税额 = 当期出口货物离岸价 × 外汇人民币折合率 × (出口货物适用税率 – 出口货物退税率) – 当期不得免征和抵扣

税额抵减额

当期不得免征和抵扣税额抵减额 = 当期免税购进原材料价格 × (出口货物适用税率 − 出口货物退税率)

2. 当期免抵退税额的计算

当期免抵退税额 = 当期出口货物离岸价 × 外汇人民币折合率 × 出口货物退税率 − 当期免抵退税额抵减额

当期免抵退税额抵减额 = 当期免税购进原材料价格 × 出口货物退税率

3. 当期应退税额和免抵税额的计算

（1）当期期末留抵税额 ≤ 当期免抵退税额，则

当期应退税额 = 当期期末留抵税额

当期免抵税额 = 当期免抵退税额 − 当期应退税额

划重点　消痛点

本案例中，假定 N 公司当月免税购进原材料一批，折合人民币 20 万元，则在计算当期不得免征和抵扣税额、当期免抵退税额时，应按照规定扣除当期不得免征和抵扣税额抵减额、当期免抵退税额抵减额；当期不得免征和抵扣税额抵减额、当期免抵退税额抵减额计算如下：

当期不得免征和抵扣税额抵减额 = 当期免税购进原材料价格 × (出口货物适用税率 − 出口货物退税率) = 20 × (13% − 9%) = 0.8（万元）

当期免抵退税额抵减额 = 当期免税购进原材料价格 × 出口货物退税率 = 20 × 9% = 1.8（万元）

第七章 出口退（免）税

第 154 集
进料加工贸易方式出口货物，增值税免抵退税应如何计算？

扫码看视频

　　P 公司是一家生产企业，2021 年 6 月以进料加工贸易方式进口一批料件，其组成计税价格为 200 万元。海关签发的加工贸易手册所列该进口料件的计划进口总值为 300 万元，计划出口总值为 400 万元。

　　2021 年 6 月该公司将该批料件加工成产品后自营出口，海关出口报关单上注明的出口日期在当月。

　　该批产品属于适用增值税退（免）税政策的出口货物，征税率为 13%，退税率为 9%；其实际离岸价（FOB）折合人民币为 240 万元，单证已收齐并且信息齐全。

　　该公司当月从国内购入甲材料，取得的增值税专用发票上注明的进项税额 13 万元已认证抵扣。

　　该公司当月取得内销销售收入 20 万元（不含增值税），适用增值税税率为 13%；上期留抵税额为 4 万元，税务机关审核确认的上期应退税额为 2 万元。

　　提问： 林老师，该公司出口该批产品，当月的增值税免抵退税应如何计算？

林老师解答

　　该公司出口该批产品，当月的增值税免抵退税计算如下：

1. 计算当期应纳税额

（1）计算确定计划分配率

243

计划分配率

= 计划进口总值 ÷ 计划出口总值 × 100%

= 300 ÷ 400 × 100%

= 75%

（2）计算确定当期进料加工出口货物耗用的保税进口料件金额

当期进料加工出口货物耗用的保税进口料件金额

= 进料加工出口货物人民币离岸价 × 进料加工计划分配率

= 240 × 75%

= 180（万元）

（3）计算确定当期不得免征和抵扣税额

当期不得免征和抵扣税额

=（出口货物的离岸价 − 当期进料加工出口货物耗用的保税进口料件金额）×（征税率 − 退税率）

=（240 − 180）×（13% − 9%）

= 2.4（万元）

（4）计算确定当期应纳税额

当期应纳税额

= 当期销项税额 −（当期进项税额 − 当期不得免征和抵扣税额）

= 20 × 13% −（13 + 4 − 2 − 2.4）

= −10（万元）

应纳税额为负数，期末留抵税额为10万元。

2. 计算确定当期免抵退税额

当期免抵退税额

=（出口货物的离岸价 − 当期进料加工出口货物耗用的保税进口料件金额）× 退税率

=（240 − 180）× 9%

= 5.4（万元）

3. 计算当期应退税额、免抵额

当期免抵退税额5.4万元小于当期期末留抵税额10万元，所以当期应退税额为5.4万元，当期免抵额为0。

> **政策依据**

财政部　国家税务总局
关于出口货物劳务增值税和消费税政策的通知

2012年5月25日　财税〔2012〕39号

五、增值税免抵退税和免退税的计算

（一）生产企业出口货物劳务增值税免抵退税……

4.……

计划分配率＝计划进口总值÷计划出口总值×100%

国家税务总局关于
《出口货物劳务增值税和消费税管理办法》有关问题的公告

2013年3月13日　国家税务总局公告2013年第12号

二、出口退（免）税申报

（十）从事进料加工业务的生产企业，自2013年7月1日起，按下列规定办理进料加工出口货物退（免）税的申报及手（账）册核销业务。……

……

2.进料加工出口货物的免抵退税申报

对进料加工出口货物，企业应以出口货物人民币离岸价扣除出口货物耗用的保税进口料件金额的余额为增值税退（免）税的计税依据。按《管理办法》第四条的有关规定，办理免抵退税相关申报。

进料加工出口货物耗用的保税进口料件金额＝进料加工出口货物人民币离岸价×进料加工计划分配率

计算不得免征和抵扣税额时，应按当期全部出口货物的离岸价扣除当期全部进料加工出口货物耗用的保税进口料件金额后的余额乘以征退税率之差计算。进料加工出口货物收齐有关凭证申报免抵退税时，以收

溪发说税之增值税优惠篇

齐凭证的进料加工出口货物人民币离岸价扣除其耗用的保税进口料件金额后的余额计算免抵退税额。

划重点　消痛点

本案例中，假定 P 公司当月既有适用增值税免抵退项目，也有增值税即征即退项目，则其增值税即征即退项目不参与出口项目免抵退税计算。该公司应分别核算增值税免抵退项目和增值税即征即退项目，并分别申请享受增值税免抵退税和即征即退优惠政策。

若该公司用于增值税即征即退项目的进项税额无法划分，则应按照下列公式计算：

无法划分进项税额中用于增值税即征即退项目的部分 = 当月无法划分的全部进项税额 × 当月增值税即征即退项目销售额 ÷ 当月全部销售额、营业额合计

第 155 集
外贸企业出口货物，增值税应退税额应如何计算？

Q 公司是一家外贸企业，属于不具有生产能力的出口企业。

该公司 2021 年 6 月自营出口一批外购的农产品，海关出口报关单上注明的出口日期在当月。

该批农产品不属于委托加工修理修配货物，购进时取得的增值税专用发票注明的不含税金额为 100 万元。

该批农产品属于适用增值税退（免）税政策的出口货物，退税率为 9%。

提问：林老师，该公司出口该批农产品，增值税应退税额应如何计算？

第七章 出口退（免）税

林老师解答

该公司出口该批农产品，其增值税应退税额计算如下：

增值税应退税额
= 增值税退（免）税计税依据 × 出口货物退税率
= 100 × 9%
= 9（万元）

TAX 政策依据

财政部　国家税务总局
关于出口货物劳务增值税和消费税政策的通知

2012 年 5 月 25 日　财税〔2012〕39 号

五、增值税免抵退税和免退税的计算

……

（二）外贸企业出口货物劳务增值税免退税，依下列公式计算：
1.外贸企业出口委托加工修理修配货物以外的货物：
增值税应退税额 = 增值税退（免）税计税依据 × 出口货物退税率

第 156 集
外贸企业出口委托加工修理修配货物，增值税应退税额应如何计算？

扫码看视频

R 公司是一家外贸企业，属于不具有生产能力的出口企业。该公司于 2021 年 5 月在国内采购一批化工原材料，委托生产企业 S 公司加工成化工产品；该公司当月收回委托加工的化工产品，取得的加工修理修配费用增值税专用发票注明的不含税金额为 200 万元，其中委托加工的化工原材料成本为 160 万元、加

247

工费 40 万元。

该公司于 2021 年 6 月自营出口上述化工产品，海关出口报关单上注明的出口日期在当月。

该批化工产品属于适用增值税退（免）税政策的出口货物，退税率为 13%。

提问：林老师，该公司出口该批委托加工的化工产品，增值税应退税额如何计算？

林老师解答

该公司出口该批委托加工的化工产品，其增值税应退税额计算如下：

出口委托加工修理修配货物的增值税应退税额
= 委托加工修理修配的增值税退（免）税计税依据 × 出口货物退税率
= 200 × 13%
= 26（万元）

TAX 政策依据

财政部　国家税务总局
关于出口货物劳务增值税和消费税政策的通知

2012 年 5 月 25 日　财税〔2012〕39 号

五、增值税免抵退税和免退税的计算

......

（二）外贸企业出口货物劳务增值税免退税，依下列公式计算：

......

2. 外贸企业出口委托加工修理修配货物：

出口委托加工修理修配货物的增值税应退税额 = 委托加工修理修配的增值税退（免）税计税依据 × 出口货物退税率

第七章 出口退（免）税

第 157 集　出口货物退税率低于适用税率，相应计算出的差额部分的税款可以计入出口货物成本吗？

T 公司是一家外贸企业，2021 年 6 月采购一批农产品并于当月报关出口，海关出口报关单上注明的出口日期在当月。

该批农产品属于适用增值税退（免）税政策的出口货物，适用税率为 13%，退税率为 9%。

提问： 林老师，该公司出口该批产品，出口货物退税率低于适用税率，相应计算出的差额部分的税款可以计入出口货物成本吗？

林老师解答

可以。

政策依据

财政部　国家税务总局
关于出口货物劳务增值税和消费税政策的通知

2012 年 5 月 25 日　财税〔2012〕39 号

五、增值税免抵退税和免退税的计算

……

（三）退税率低于适用税率的，相应计算出的差额部分的税款计入出口货物劳务成本。

第五节 出口退税的申报

第 158 集

生产企业出口货物，应在何时办理增值税纳税申报、免抵退税相关申报？

U 公司是一家工艺品生产企业，2021 年 5 月自营出口一批自产的工艺品，海关出口报关单上注明的出口日期在当月。

该批工艺品属于适用增值税退（免）税政策的出口货物。

提问：林老师，该公司出口该批工艺品，应在何时办理增值税纳税申报、免抵退税相关申报？

林老师解答

该公司于 2021 年 5 月出口该批工艺品，应在次月即 2021 年 6 月的增值税纳税申报期内，向主管税务机关办理增值税纳税申报、免抵退税相关申报。

政策依据

国家税务总局关于发布《出口货物劳务增值税和消费税管理办法》的公告

2012 年 6 月 14 日　国家税务总局公告 2012 年第 24 号

四、生产企业出口货物免抵退税的申报

（一）申报程序和期限

企业当月出口的货物须在次月的增值税纳税申报期内，向主管税务机关办理增值税纳税申报、免抵退税相关申报及消费税免税申报。

第七章 出口退（免）税

划重点　消痛点

本案例中，U 公司应在货物报关出口之日［以出口货物报关单（出口退税专用）上的出口日期为准］次月起至次年 4 月 30 日前的各增值税纳税申报期内收齐有关凭证，向主管税务机关申报办理出口货物增值税免抵退税。

第 159 集

外贸企业出口货物，应在何时办理增值税纳税申报？

V 公司是一家外贸企业，2021 年 5 月自营出口一台购进的仪器，海关出口报关单上注明的出口日期在当月。

该台仪器属于适用增值税退（免）税政策的出口货物，购进时取得了增值税专用发票。

提问：林老师，该公司出口该台仪器，应在何时办理增值税纳税申报？

林老师解答

该公司于 2021 年 5 月出口该台仪器，应在次月即 2021 年 6 月的增值税纳税申报期内，向主管税务机关办理增值税纳税申报，将适用退（免）税政策的出口货物销售额填报在增值税纳税申报表的"免税货物销售额"栏。

251

溪发说税之增值税优惠篇

> **TAX 政策依据**
>
> **国家税务总局关于发布**
> **《出口货物劳务增值税和消费税管理办法》的公告**
>
> 2012年6月14日　国家税务总局公告2012年第24号
>
> 五、外贸企业出口货物免退税的申报
> （一）申报程序和期限
> 企业当月出口的货物须在次月的增值税纳税申报期内，向主管税务机关办理增值税纳税申报，将适用退（免）税政策的出口货物销售额填报在增值税纳税申报表的"免税货物销售额"栏。

划重点　消痛点

本案例中，V公司应在货物报关出口之日次月起至次年4月30日前的各增值税纳税申报期内，收齐有关凭证，向主管税务机关办理出口货物增值税免退税申报。经主管税务机关批准，该公司在增值税纳税申报期以外的其他时间也可办理免退税申报。

第 160 集
出口企业超过规定期限收汇，收汇后可以申报办理退（免）税吗？

X公司于2020年3月自营出口一批水产品，海关出口报关单上注明的出口日期在当月；该公司未能在规定的期限内收汇。

该批水产品属于适用增值税退（免）税政策的出口货物。

提问：林老师，该公司超过规定期限收汇，收汇后可以申报办理退（免）税吗？

扫码看视频

252

第七章 出口退（免）税

林老师解答

可以。

TAX 政策依据

财政部 税务总局
关于明确国有农用地出租等增值税政策的公告

2020年1月20日 财政部 税务总局公告2020年第2号

四、纳税人出口货物劳务、发生跨境应税行为，未在规定期限内申报出口退（免）税或者开具《代理出口货物证明》的，在收齐退（免）税凭证及相关电子信息后，即可申报办理出口退（免）税；未在规定期限内收汇或者办理不能收汇手续的，在收汇或者办理不能收汇手续后，即可申报办理退（免）税。

……

七、本公告自发布之日起执行。此前已发生未处理的事项，按本公告规定执行。

划重点 消痛点

根据《国家税务总局关于优化整合出口退税信息系统 更好服务纳税人有关事项的公告》（国家税务总局公告2021年第15号）第一条的规定，取消部分出口退（免）税申报事项：

1.纳税人因申报出口退（免）税的出口报关单、代理出口货物证明、委托出口货物证明、增值税进货凭证没有电子信息或凭证内容与电子信息不符，无法在规定期限内申报出口退（免）税或者开具《代理出口货物证明》的，取消出口退（免）税凭证无相关电子信息申报，停止报送《出口退（免）税凭证无相关电子信息申报表》。待收齐退（免）税凭证及相关电子信息后，

253

即可申报办理退（免）税。

  2.纳税人因未收齐出口退（免）税相关单证，无法在规定期限内申报出口退（免）税或者开具《代理出口货物证明》的，取消出口退（免）税延期申报，停止报送《出口退（免）税延期申报申请表》及相关举证资料。待收齐退（免）税凭证及相关电子信息后，即可申报办理退（免）税。

第八章　留抵退税

第一节　增量留抵税额的计算

第 161 集

增量留抵税额应如何计算确定?

A 公司为按月纳税的增值税一般纳税人，2019 年 3 月 31 日的留抵税额为 20 万元，2019 年 5 月 31 日的留抵税额为 50 万元。

提问：林老师，该公司 2019 年 5 月的增量留抵税额应如何计算确定？

林老师解答

该公司 2019 年 5 月的增量留抵税额，为 2019 年 5 月 31 日与 2019 年 3 月 31 日相比新增加的期末留抵税额，即 30 万元（50-20）。

TAX 政策依据

财政部　税务总局　海关总署
关于深化增值税改革有关政策的公告

2019 年 3 月 20 日　财政部　税务总局　海关总署公告 2019 年第 39 号

八、自 2019 年 4 月 1 日起，试行增值税期末留抵税额退税制度。

……

（二）本公告所称增量留抵税额，是指与 2019 年 3 月底相比新增加的期末留抵税额。

溪发说税之增值税优惠篇

划重点　消痛点

本案例中，A公司2019年5月的增量留抵税额，不是按照2019年5月31日与2019年4月30日相比新增加的期末留抵税额计算的。

知识链接

1. 什么是增值税留抵税额？

增值税一般纳税人当期销项税额小于当期进项税额不足抵扣时，其不足部分可以结转下期继续抵扣。结转下期继续抵扣的进项税额，即为增值税留抵税额。

2. 什么是增值税留抵退税？

根据相关税收政策规定，增值税一般纳税人退还本应结转下期继续抵扣的增值税留抵税额，即为增值税留抵退税。

第二节　一般企业增量留抵退税

第 162 集

一般企业增量留抵退税条件是什么？

　　B 公司是一家建筑企业，属于按月纳税的增值税一般纳税人。

　　该公司自 2020 年 1 月税款所属期起，连续 6 个月增量留抵税额均大于零，第 6 个月即 2020 年 6 月增量留抵税额为 200 万元。

　　该公司纳税信用等级为 A 级；申请退税前 36 个月未发生骗取留抵退税、出口退税或虚开增值税专用发票情形；申请退税前 36 个月未因偷税被税务机关处罚；自 2019 年 4 月 1 日起未享受即征即退、先征后返（退）政策。

　　提问：林老师，该公司可以向主管税务机关申请退还增量留抵税额吗？

林老师解答

　　可以。

溪发说税之增值税优惠篇

> **政策依据**
>
> **财政部 税务总局 海关总署**
> **关于深化增值税改革有关政策的公告**
>
> 2019年3月20日 财政部 税务总局 海关总署公告2019年第39号
>
> 八、自2019年4月1日起，试行增值税期末留抵税额退税制度。
>
> （一）同时符合以下条件的纳税人，可以向主管税务机关申请退还增量留抵税额：
>
> 1. 自2019年4月税款所属期起，连续六个月（按季纳税的，连续两个季度）增量留抵税额均大于零，且第六个月增量留抵税额不低于50万元；
>
> 2. 纳税信用等级为A级或者B级；
>
> 3. 申请退税前36个月未发生骗取留抵退税、出口退税或虚开增值税专用发票情形的；
>
> 4. 申请退税前36个月未因偷税被税务机关处罚两次及以上的；
>
> 5. 自2019年4月1日起未享受即征即退、先征后返（退）政策的。
>
> ……
>
> （四）纳税人应在增值税纳税申报期内，向主管税务机关申请退还留抵税额。

划重点 消痛点

本案例中，假定B公司于2020年6月发生跨境应税行为，且适用免抵退税办法；该公司办理免抵退税后，仍符合财政部 税务总局 海关总署公告2019年第39号第八条规定的增量留抵退税条件，则该公司可以申请退还留抵税额。

第八章 留抵退税

第 163 集
一般企业允许退还的增量留抵税额应如何计算确定？

承第 162 集案例。

B 公司自 2019 年 4 月至 2020 年 6 月已抵扣进项税额为 2500 万元，其中已抵扣的专用发票（含税控机动车销售统一发票）、海关进口增值税专用缴款书和完税凭证注明的增值税额为 2400 万元。

提问：林老师，该公司允许退还的增量留抵税额应如何计算确定？

林老师解答

该公司允许退还的增量留抵税额计算如下：

1. 计算确定进项构成比例

进项构成比例

= 2400 ÷ 2500 × 100%

= 96%

2. 计算确定允许退还的增量留抵税额

允许退还的增量留抵税额

= 增量留抵税额 × 进项构成比例 × 60%

= 200 × 96% × 60%

= 115.20（万元）

溪发说税之增值税优惠篇

> **TAX 政策依据**
>
> **财政部　税务总局　海关总署**
> **关于深化增值税改革有关政策的公告**
>
> 2019年3月20日　财政部　税务总局　海关总署公告2019年第39号
>
> 八、自2019年4月1日起，试行增值税期末留抵税额退税制度。
>
> ……
>
> （三）纳税人当期允许退还的增量留抵税额，按照以下公式计算：
>
> 允许退还的增量留抵税额＝增量留抵税额×进项构成比例×60%
>
> 进项构成比例，为2019年4月至申请退税前一税款所属期内已抵扣的增值税专用发票（含税控机动车销售统一发票）、海关进口增值税专用缴款书、解缴税款完税凭证注明的增值税额占同期全部已抵扣进项税额的比重。

划重点　消痛点

本案例中，B公司取得退还的留抵税额后，应相应调减当期留抵税额。

第三节　先进制造业企业增量留抵退税

第 164 集
先进制造业企业增量留抵退税条件是什么？

C 公司是一家医药制造企业，于 2015 年 10 月设立，属于按月纳税的增值税一般纳税人。

该公司自 2020 年 7 月至 2021 年 6 月生产并销售《国民经济行业分类》中医药产品的销售额为 8100 万元（不含增值税），占同期全部销售额 9000 万元（不含增值税）的 90%。

该公司于 2021 年 6 月的增量留抵税额为 300 万元。

该公司纳税信用等级为 A 级；申请退税前 36 个月未发生骗取留抵退税、出口退税或虚开增值税专用发票情形；申请退税前 36 个月未因偷税被税务机关处罚；自 2019 年 4 月 1 日起未享受即征即退、先征后返（退）政策。

提问：林老师，该公司可以向主管税务机关申请退还增量留抵税额吗？

林老师解答

可以。

溪发说税之增值税优惠篇

> 📋 政策依据

财政部 税务总局
关于明确先进制造业增值税期末留抵退税政策的公告

2021年4月23日 财政部 税务总局公告2021年第15号

一、自2021年4月1日起，同时符合以下条件的先进制造业纳税人，可以自2021年5月及以后纳税申报期向主管税务机关申请退还增量留抵税额：

1. 增量留抵税额大于零；

2. 纳税信用等级为A级或者B级；

3. 申请退税前36个月未发生骗取留抵退税、出口退税或虚开增值税专用发票情形；

4. 申请退税前36个月未因偷税被税务机关处罚两次及以上；

5. 自2019年4月1日起未享受即征即退、先征后返（退）政策。

二、本公告所称先进制造业纳税人，是指按照《国民经济行业分类》，生产并销售"非金属矿物制品"、"通用设备"、"专用设备"、"计算机、通信和其他电子设备"、"医药"、"化学纤维"、"铁路、船舶、航空航天和其他运输设备"、"电气机械和器材"、"仪器仪表"销售额占全部销售额的比重超过50%的纳税人。

上述销售额比重根据纳税人申请退税前连续12个月的销售额计算确定；申请退税前经营期不满12个月但满3个月的，按照实际经营期的销售额计算确定。

三、本公告所称增量留抵税额，是指与2019年3月31日相比新增加的期末留抵税额。

> 🔖 划重点 消痛点

本案例中，C公司属于先进制造业纳税人，其增量留抵退税条件与前述第162集案例一般企业B公司增量留抵退税条件相比较，存在以下差异：

1. C 公司应满足"增量留抵税额大于零";

2. B 公司应满足"自 2019 年 4 月税款所属期起,连续六个月增量留抵税额均大于零,且第六个月增量留抵税额不低于 50 万元"。

第 165 集

先进制造业企业当期允许退还的增量留抵税额应如何计算确定?

承第 164 集案例。

C 公司自 2019 年 4 月至 2021 年 6 月已抵扣进项税额为 3000 万元,其中已抵扣的增值税专用发票(含税控机动车销售统一发票)、海关进口增值税专用缴款书、解缴税款完税凭证注明的增值税额为 2700 万元。

提问: 林老师,该公司允许退还的增量留抵税额应如何计算确定?

林老师解答

该公司允许退还的增量留抵税额计算如下:

1. 计算确定进项构成比例

进项构成比例

= 2700 ÷ 3000 × 100%

= 90%

2. 计算确定允许退还的增量留抵税额

允许退还的增量留抵税额

= 增量留抵税额 × 进项构成比例

= 300 × 90%

= 270(万元)

溪发说税之增值税优惠篇

> **政策依据**
>
> **财政部　税务总局**
> **关于明确先进制造业增值税期末留抵退税政策的公告**
>
> 2021年4月23日　财政部　税务总局公告2021年第15号
>
> 四、先进制造业纳税人当期允许退还的增量留抵税额，按照以下公式计算：
>
> 允许退还的增量留抵税额=增量留抵税额×进项构成比例
>
> 进项构成比例，为2019年4月至申请退税前一税款所属期内已抵扣的增值税专用发票（含税控机动车销售统一发票）、海关进口增值税专用缴款书、解缴税款完税凭证注明的增值税额占同期全部已抵扣进项税额的比重。

划重点　消痛点

本案例中，C公司属于先进制造业纳税人，其当期允许退还的增量留抵税额的计算方法，与前述第163集案例一般企业B公司当期允许退还的增量留抵税额的计算方法相比较，存在以下差异：

1. C公司计算当期允许退还的增量留抵税额时，无须乘以60%；
2. B公司计算当期允许退还的增量留抵税额时，应乘以60%。

第四节　疫情防控重点保障物资生产企业增量留抵退税

第 166 集

新冠肺炎疫情防控重点保障物资生产企业，可以按月申请全额退还增值税增量留抵税额吗？

扫码看视频

　　D 公司是一家生产企业，入选所在地区的省级发展改革部门、工业和信息化部门确定的新冠肺炎疫情防控重点保障物资生产企业名单。

　　该公司属于按月纳税的增值税一般纳税人。

　　该公司于 2021 年 2 月、3 月均满足向主管税务机关申请退还增量留抵税额的条件。

　　提问：林老师，现在是新冠肺炎疫情防控期间，该公司于 2021 年 2 月、3 月可以按月向主管税务机关申请全额退还增值税增量留抵税额吗？

林老师解答

可以。

政策依据

财政部　税务总局
关于支持新型冠状病毒感染的肺炎疫情防控有关税收政策的公告

2020 年 2 月 7 日　财政部　税务总局公告 2020 年第 8 号

　　二、疫情防控重点保障物资生产企业可以按月向主管税务机关申请全额退还增值税增量留抵税额。

本公告所称增量留抵税额,是指与2019年12月底相比新增加的期末留抵税额。

本公告第一条、第二条所称疫情防控重点保障物资生产企业名单,由省级及以上发展改革部门、工业和信息化部门确定。

……

六、本公告自2020年1月1日起实施,截止日期视疫情情况另行公告。

财政部　税务总局
关于支持疫情防控保供等税费政策实施期限的公告

2020年5月15日　财政部　税务总局公告2020年第28号

《财政部　税务总局关于支持新型冠状病毒感染的肺炎疫情防控有关税收政策的公告》(财政部　税务总局公告2020年第8号)……规定的税费优惠政策,执行至2020年12月31日。

财政部　税务总局
关于延续实施应对疫情部分税费优惠政策的公告

2021年3月17日　财政部　税务总局公告2021年第7号

三、《财政部　税务总局关于支持新型冠状病毒感染的肺炎疫情防控有关税收政策的公告》(财政部　税务总局公告2020年第8号)……规定的税收优惠政策凡已经到期的,执行期限延长至2021年3月31日。

第八章 留抵退税

> 划重点　消痛点

本案例中，D公司属于新冠肺炎疫情防控重点保障物资生产企业，其当期允许退还的增量留抵税额的计算方法，与前述第165集案例先进制造业企业C公司当期允许退还的增量留抵税额的计算方法相比较，存在以下差异：

1. D公司可以申请全额退还增值税增量留抵税额，无须乘以进项构成比例；

2. C公司计算当期允许退还的增量留抵税额时，应乘以进项构成比例。

第五节　进项构成比例的计算

第 167 集　在计算进项构成比例时，按规定转出的进项税额需要从已抵扣的增值税额中扣减吗？

E 公司为按月纳税的增值税一般纳税人，2021 年 6 月满足向主管税务机关申请退还增量留抵税额的条件。

该公司于 2021 年 5 月按规定转出进项税额 100 万元。

提问：林老师，该公司在计算允许退还的增量留抵税额的进项构成比例时，上述转出的进项税额需要从已抵扣的增值税专用发票、机动车销售统一发票、海关进口增值税专用缴款书、解缴税款完税凭证注明的增值税额中扣减吗？

林老师解答

不需要扣减。

政策依据

国家税务总局关于取消增值税扣税凭证认证确认期限等增值税征管问题的公告

2019 年 12 月 31 日　国家税务总局公告 2019 年第 45 号

三、按照《财政部　税务总局　海关总署关于深化增值税改革有关政策的公告》（2019 年第 39 号）和《财政部　税务总局关于明确部分先进制造业增值税期末留抵退税政策的公告》（2019 年第 84 号）的规

第八章 留抵退税

定,在计算允许退还的增量留抵税额的进项构成比例时,纳税人在2019年4月至申请退税前一税款所属期内按规定转出的进项税额,无需从已抵扣的增值税专用发票、机动车销售统一发票、海关进口增值税专用缴款书、解缴税款完税凭证注明的增值税额中扣减。

269

第六节　生产销售新支线飞机留抵退税

第 168 集

生产销售新支线飞机而形成的增值税期末留抵税额可以退还吗？

F 公司为一家飞机制造企业，属于按月纳税的增值税一般纳税人。

2021 年 6 月该公司因生产销售新支线飞机而形成增值税期末留抵税额 300 万元。

上述新支线飞机为空载重量大于 25 吨且小于 45 吨、座位数量少于 130 个的民用客机。

提问：林老师，该公司因生产销售新支线飞机而形成的增值税期末留抵税额，可以向主管税务机关申请退还吗？

林老师解答

可以。

政策依据

财政部　税务总局
关于民用航空发动机、新支线飞机和大型客机税收政策的公告

2019 年 10 月 8 日　财政部　税务总局公告 2019 年第 88 号

二、自 2019 年 1 月 1 日起至 2020 年 12 月 31 日止，对纳税人生产销售新支线飞机暂减按 5% 征收增值税，并对其因生产销售新支线飞机而形成的增值税期末留抵税额予以退还。

……

四、本公告所称大型民用客机发动机、中大功率民用涡轴涡桨发动机、新支线飞机和大型客机，指上述发动机、民用客机的整机，具体标准如下：

……

（三）新支线飞机，是指空载重量大于25吨且小于45吨、座位数量少于130个的民用客机。

财政部 税务总局
关于延长部分税收优惠政策执行期限的公告

2021年3月15日 财政部 税务总局公告2021年第6号

一、《财政部 税务总局关于设备 器具扣除有关企业所得税政策的通知》（财税〔2018〕54号）等16个文件规定的税收优惠政策凡已经到期的，执行期限延长至2023年12月31日，详见附件1。

附件1：

财税〔2018〕54号等16个文件

序号	文件名称	备注
……	……	……
11	《财政部 税务总局关于民用航空发动机、新支线飞机和大型客机税收政策的公告》（财政部 税务总局公告2019年第88号）	

划重点 消痛点

根据财政部 税务总局公告2019年第88号第四条的规定，享受退还增值税期末留抵税额优惠政策的"民用航空发动机、新支线飞机和大型客机"，除了本案例中的"新支线飞机"外，还包括以下三类：

1. 大型民用客机发动机，是指：

（1）单通道干线客机发动机，起飞推力为 12000 ～ 16000kgf；

（2）双通道干线客机发动机，起飞推力为 28000 ～ 35000kgf。

2. 中大功率民用涡轴涡桨发动机，是指：

（1）中等功率民用涡轴发动机，起飞功率为 1000 ～ 3000kW；

（2）大功率民用涡桨发动机，起飞功率为 3000kW 以上。

3. 大型客机，是指空载重量大于 45 吨的民用客机。

第九章 研发设备退还增值税

第一节 内资研发机构采购国产设备退还增值税

第169集

内资研发机构采购国产设备，可以退还增值税吗？

A研发机构于2019年设立，为工业和信息化部会同财政部、海关总署、税务总局核定的国家中小企业公共服务示范平台（技术类），属于符合《财政部 商务部 税务总局关于继续执行研发机构采购设备增值税政策的公告》（财政部公告2019年第91号）文件规定条件的内资研发机构，并已取得采购国产设备退税资格。

该研发机构于2021年8月采购财政部公告2019年第91号文件附件《科技开发、科学研究和教学设备清单》所列的国产清洗循环设备，支付价款1130万元，取得了增值税专用发票。

提问：林老师，该研发机构采购该项国产设备，可以退还增值税吗？

林老师解答

该研发机构采购该项国产设备，可以全额退还增值税。

政策依据

财政部　商务部　税务总局
关于继续执行研发机构采购设备增值税政策的公告

2019年11月11日　财政部公告2019年第91号

为了鼓励科学研究和技术开发，促进科技进步，继续对内资研发机构和外资研发中心采购国产设备全额退还增值税。……

一、适用采购国产设备全额退还增值税政策的内资研发机构和外资研发中心包括：

……

（七）工业和信息化部会同财政部、海关总署、税务总局核定的国家中小企业公共服务示范平台（技术类）；

……

五、本公告规定的税收政策执行期限为2019年1月1日至2020年12月31日，具体从内资研发机构和外资研发中心取得退税资格的次月1日起执行。……

附件2：

科技开发、科学研究和教学设备清单

一、实验环境方面

……

（六）清洗循环设备；

财政部　税务总局
关于延长部分税收优惠政策执行期限的公告

2021年3月15日　财政部　税务总局公告2021年第6号

一、《财政部　税务总局关于设备　器具扣除有关企业所得税政策的通知》（财税〔2018〕54号）等16个文件规定的税收优惠政策凡已经到期的，执行期限延长至2023年12月31日，详见附件1。

第九章 研发设备退还增值税

附件1：

财税〔2018〕54号等16个文件

序号	文件名称	备注
……	……	……
10	《财政部 商务部 税务总局关于继续执行研发机构采购设备增值税政策的公告》（财政部公告2019年第91号）	

划重点 消痛点

根据财政部公告2019年第91号第一条的规定，适用采购国产设备全额退还增值税政策的内资研发机构，除了本案例中的工业和信息化部会同财政部、海关总署、税务总局核定的国家中小企业公共服务示范平台（技术类）之外，还包括以下八类研发机构：

1. 科技部会同财政部、海关总署和税务总局核定的科技体制改革过程中转制为企业和进入企业的主要从事科学研究和技术开发工作的机构；

2. 国家发展改革委会同财政部、海关总署和税务总局核定的国家工程研究中心；

3. 国家发展改革委会同财政部、海关总署、税务总局和科技部核定的企业技术中心；

4. 科技部会同财政部、海关总署和税务总局核定的国家重点实验室（含企业国家重点实验室）和国家工程技术研究中心；

5. 科技部核定的国务院部委、直属机构所属从事科学研究工作的各类科研院所，以及各省、自治区、直辖市、计划单列市科技主管部门核定的本级政府所属从事科学研究工作的各类科研院所；

6. 科技部会同民政部核定或者各省、自治区、直辖市、计划单列市及新疆生产建设兵团科技主管部门会同同级民政部门核定的科技类民办非企业单位；

7.国家承认学历的实施专科及以上高等学历教育的高等学校（以教育部门户网站公布名单为准）；

8.财政部会同国务院有关部门核定的其他科学研究机构、技术开发机构和学校。

第二节　外资研发中心采购国产设备退还增值税

第 170 集

外资研发中心采购国产设备，可以退还增值税吗？

扫码看视频

　　B研发中心于2020年设立，属于符合《财政部　商务部　税务总局关于继续执行研发机构采购设备增值税政策的公告》（财政部公告2019年第91号）规定条件的外资研发中心，已经商务主管部门会同有关部门按照上述文件规定条件进行资格审核认定，并已取得采购国产设备退税资格。

　　该研发中心于2021年8月采购财政部公告2019年第91号文件附件《科技开发、科学研究和教学设备清单》所列的国产小型熔炼设备，支付价款390万元，取得了增值税专用发票。

　　提问：林老师，该研发中心采购该项国产设备，可以退还增值税吗？

林老师解答

该研发中心采购该项国产设备，可以全额退还增值税。

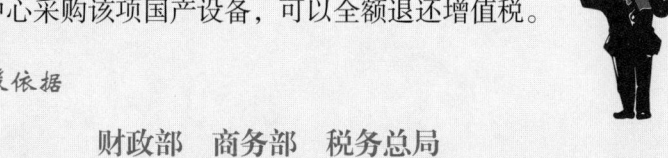

TAX 政策依据

财政部　商务部　税务总局
关于继续执行研发机构采购设备增值税政策的公告

2019年11月11日　财政部公告2019年第91号

为了鼓励科学研究和技术开发，促进科技进步，继续对内资研发机

277

构和外资研发中心采购国产设备全额退还增值税。……

一、适用采购国产设备全额退还增值税政策的内资研发机构和外资研发中心包括：

……

（九）符合本公告第二条规定的外资研发中心；

附件2：

科技开发、科学研究和教学设备清单

三、实验室专用设备

……

（五）小型熔炼设备（如真空、粉末、电渣等），特殊焊接设备；

划重点　消痛点

本案例中，假定B研发中心属于2009年10月1日之后设立的外资研发中心，则应同时满足下列条件，方可适用采购国产设备全额退还增值税政策：

1. 研发费用标准：作为独立法人的，其投资总额不低于800万美元；作为公司内设部门或分公司的非独立法人的，其研发总投入不低于800万美元；

2. 专职研究与试验发展人员不低于150人；

3. 设立以来累计购置的设备原值不低于2000万元。

第四篇　抵減篇

第十章 加计抵减

第一节 加计抵减 10%

第 171 集
现代服务业纳税人可以按照当期可抵扣进项税额加计 10% 抵减应纳税额吗？

A 公司于 2018 年 1 月成立并登记为增值税一般纳税人。

该公司以提供工程勘察勘探服务为主营业务，2020 年取得的工程勘察勘探服务收入为 760 万元（不含增值税），占同期全部销售收入 800 万元（不含增值税）的 95%。

该公司 2021 年 6 月可抵扣的进项税额为 12 万元。

提问：林老师，该公司 2021 年 6 月可以按照当期可抵扣进项税额加计 10% 抵减应纳税额吗？

林老师解答

可以。

政策依据

财政部　税务总局　海关总署
关于深化增值税改革有关政策的公告

2019 年 3 月 20 日　财政部　税务总局　海关总署公告 2019 年第 39 号

七、自 2019 年 4 月 1 日至 2021 年 12 月 31 日，允许生产、生活性服务业纳税人按照当期可抵扣进项税额加计 10%，抵减应纳税额（以下称加计抵减政策）。

（一）本公告所称生产、生活性服务业纳税人，是指提供邮政服务、电信服务、现代服务、生活服务（以下称四项服务）取得的销售额占全部销售额的比重超过50%的纳税人。四项服务的具体范围按照《销售服务、无形资产、不动产注释》（财税〔2016〕36号印发）执行。

……

纳税人确定适用加计抵减政策后，当年内不再调整，以后年度是否适用，根据上年度销售额计算确定。

财政部　国家税务总局
关于全面推开营业税改征增值税试点的通知

2016年3月23日　财税〔2016〕36号

附件1：《营业税改征增值税试点实施办法》附：《销售服务、无形资产、不动产注释》

一、销售服务

……

（六）现代服务。

……

1.研发和技术服务。

……

（3）工程勘察勘探服务，是指在采矿、工程施工前后，对地形、地质构造、地下资源蕴藏情况进行实地调查的业务活动。

划重点　消痛点

本案例中，A公司于2018年1月成立并登记为增值税一般纳税人，假定该公司自2018年4月至2019年3月期间提供现代服务取得的销售额占全

第十章 加计抵减

部销售额的比重超过 50%，则该公司可自 2019 年 4 月 1 日至 2019 年 12 月 31 日适用加计抵减政策。

知识链接

什么是增值税加计抵减？

根据相关税收政策的规定，允许生产、生活性服务业纳税人按照当期可抵扣进项税额加计 10% 或 15%，抵减其增值税应纳税额，即为增值税加计抵减。

第二节　加计抵减 15%

第 172 集　生活服务业纳税人可以按照当期可抵扣进项税额加计 15% 抵减应纳税额吗？

B 公司于 2018 年 1 月成立并登记为增值税一般纳税人。

该公司是一家非学历教育服务机构，以提供财税培训服务为主营业务，自 2018 年 10 月至 2019 年 9 月取得的财税培训收入为 630 万元（不含增值税），占同期全部销售收入 700 万元（不含增值税）的 90%。

该公司于 2019 年 12 月可抵扣的进项税额为 10 万元。

提问：林老师，该公司 2019 年 12 月可以按照当期可抵扣进项税额加计 15% 抵减应纳税额吗？

林老师解答

可以。

政策依据

财政部　税务总局
关于明确生活性服务业增值税加计抵减政策的公告
2019 年 9 月 30 日　财政部　税务总局公告 2019 年第 87 号

一、2019 年 10 月 1 日至 2021 年 12 月 31 日，允许生活性服务业纳税人按照当期可抵扣进项税额加计 15%，抵减应纳税额（以下称加计抵减15%政策）。

二、本公告所称生活性服务业纳税人，是指提供生活服务取得的销售额占全部销售额的比重超过50%的纳税人。生活服务的具体范围按照《销售服务、无形资产、不动产注释》（财税〔2016〕36号印发）执行。

2019年9月30日前设立的纳税人，自2018年10月至2019年9月期间的销售额（经营期不满12个月的，按照实际经营期的销售额）符合上述规定条件的，自2019年10月1日起适用加计抵减15%政策。

财政部　国家税务总局
关于全面推开营业税改征增值税试点的通知

2016年3月23日　财税〔2016〕36号

附件1：《营业税改征增值税试点实施办法》附：《销售服务、无形资产、不动产注释》

一、销售服务

……

（七）生活服务。

……

2.教育医疗服务。

教育医疗服务，包括教育服务和医疗服务。

（1）教育服务，是指提供学历教育服务、非学历教育服务、教育辅助服务的业务活动。

……

非学历教育服务，包括学前教育、各类培训、演讲、讲座、报告会等。

> 划重点　消痛点

本案例中，B公司属于生活性服务业纳税人，其加计抵减的计算比例与前述第171集案例生产性服务业纳税人A公司加计抵减的计算比例相比较，存在以下差异：

1. B公司加计抵减15%；

2. A公司加计抵减10%。

知识链接

可抵减加计抵减额应如何计算？

1. 生产性服务业纳税人

根据《财政部　税务总局　海关总署关于深化增值税改革有关政策的公告》（财政部　税务总局　海关总署公告2019年第39号）第七条第（二）项的规定，生产性服务业纳税人应按照当期可抵扣进项税额的10%计提当期加计抵减额。按照现行规定不得从销项税额中抵扣的进项税额，不得计提加计抵减额；已计提加计抵减额的进项税额，按规定作进项税额转出的，应在进项税额转出当期，相应调减加计抵减额。计算公式如下：

当期计提加计抵减额＝当期可抵扣进项税额×10%

当期可抵减加计抵减额＝上期期末加计抵减额余额＋当期计提加计抵减额－当期调减加计抵减额

2. 生活性服务业纳税人

根据财政部　税务总局公告2019年第87号第三条的规定，生活性服务业纳税人应按照当期可抵扣进项税额的15%计提当期加计抵减额。按照现行规定不得从销项税额中抵扣的进项税额，不得计提加计抵减额；

第十章 加计抵减

已按照15%计提加计抵减额的进项税额,按规定作进项税额转出的,应在进项税额转出当期,相应调减加计抵减额。计算公式如下:

当期计提加计抵减额 = 当期可抵扣进项税额 × 15%

当期可抵减加计抵减额 = 上期期末加计抵减额余额 + 当期计提加计抵减额 – 当期调减加计抵减额

第三节　不适用加计抵减政策的情形

第173集
纳税人出口货物可以适用加计抵减政策吗？

C公司是一家外贸企业，2021年5月采购一批服装，已取得增值税专用发票。

该公司于2021年6月自营出口该批服装，海关出口报关单上注明的出口日期在当月。

该批服装属于适用增值税退（免）税政策的出口货物。

提问：林老师，该公司出口货物可以适用加计抵减政策吗？

林老师解答

不可以。

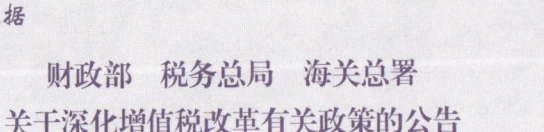

政策依据

财政部　税务总局　海关总署
关于深化增值税改革有关政策的公告

2019年3月20日　财政部　税务总局　海关总署公告2019年第39号

七、……

（四）纳税人出口货物劳务、发生跨境应税行为不适用加计抵减政策，其对应的进项税额不得计提加计抵减额。

第四节　适用加计抵减政策的"销售额"

第 174 集
免税收入需要计入适用加计抵减政策的"销售额"吗？

D公司于2021年3月1日成立并登记为增值税一般纳税人。该公司以提供广告服务为主营业务，自2021年3月至5月取得销售收入650万元（不含增值税），其中广告服务收入为600万元（不含增值税）、免税收入50万元。

提问：林老师，该公司取得的上述免税收入，需要计入适用加计抵减政策的"销售额"吗？

林老师解答

需要。

政策依据

国家税务总局关于国内旅客运输服务进项税抵扣等增值税征管问题的公告

2019年9月16日　国家税务总局公告2019年第31号

二、关于加计抵减

（一）《财政部　税务总局　海关总署关于深化增值税改革有关政策的公告》（财政部　税务总局　海关总署公告2019年第39号）第七条关于加计抵减政策适用所称"销售额"，包括纳税申报销售额、稽查查补销售额、纳税评估调整销售额。其中,纳税申报销售额包括一般计税方法销售额,简易计税方法销售额,免税销售额,税务机关代开发票销售额,免、抵、退办法出口销售额,即征即退项目销售额。

财政部　国家税务总局
关于全面推开营业税改征增值税试点的通知

2016年3月23日　财税〔2016〕36号

附件1:《营业税改征增值税试点实施办法》附:《销售服务、无形资产、不动产注释》

一、销售服务

......

(六)现代服务。

......

3. 文化创意服务。

......

(3)广告服务,是指利用图书、报纸、杂志、广播、电视、电影、幻灯、路牌、招贴、橱窗、霓虹灯、灯箱、互联网等各种形式为客户的商品、经营服务项目、文体节目或者通告、声明等委托事项进行宣传和提供相关服务的业务活动。包括广告代理和广告的发布、播映、宣传、展示等。

财政部　税务总局　海关总署
关于深化增值税改革有关政策的公告

2019年3月20日　财政部　税务总局　海关总署公告2019年第39号

七、自2019年4月1日至2021年12月31日,允许生产、生活性服务业纳税人按照当期可抵扣进项税额加计10%,抵减应纳税额(以下称加计抵减政策)。

第十章 加计抵减

（一）本公告所称生产、生活性服务业纳税人，是指提供邮政服务、电信服务、现代服务、生活服务（以下称四项服务）取得的销售额占全部销售额的比重超过50%的纳税人。四项服务的具体范围按照《销售服务、无形资产、不动产注释》（财税〔2016〕36号印发）执行。

……

2019年4月1日后设立的纳税人，自设立之日起3个月的销售额符合上述规定条件的，自登记为一般纳税人之日起适用加计抵减政策。

> **划重点 消痛点**

本案例中，假定D公司适用增值税差额征收政策，则以差额后的销售额确定适用加计抵减政策。

291

第十一章 扣减增值税

第一节 支持重点群体创业就业

第 175 集

企业招用建档立卡贫困人口，可以享受税收优惠政策吗？

A 公司为增值税一般纳税人，2021 年 7 月招用建档立卡贫困人口 10 人，并于当月与其签订了 3 年期限劳动合同并依法缴纳社会保险费。

提问：林老师，该公司招用建档立卡贫困人口，可以享受税收优惠政策吗？

林老师解答

该公司可以自签订劳动合同并缴纳社会保险当月即 2021 年 7 月起，在 3 年内按实际招用人数 10 人定额依次扣减增值税、城市维护建设税、教育费附加、地方教育附加和企业所得税。

TAX 政策依据

财政部 税务总局 人力资源社会保障部 国务院扶贫办关于进一步支持和促进重点群体创业就业有关税收政策的通知

2019 年 2 月 2 日 财税〔2019〕22 号

二、企业招用建档立卡贫困人口，以及在人力资源社会保障部门公共就业服务机构登记失业半年以上且持《就业创业证》或《就业失业登记证》（注明"企业吸纳税收政策"）的人员，与其签订1年以上期限劳动合同并依法缴纳社会保险费的，自签订劳动合同并缴纳社会保险当月起，在3年内按实际招用人数予以定额依次扣减增值税、城市维护建设税、教育费附加、地方教育附加和企业所得税优惠。……

……

五、本通知规定的税收政策执行期限为2019年1月1日至2021年12月31日。纳税人在2021年12月31日享受本通知规定税收优惠政策未满3年的，可继续享受至3年期满为止。……

财政部　税务总局　人力资源社会保障部　国家乡村振兴局
关于延长部分扶贫税收优惠政策执行期限的公告

2021年5月6日　财政部　税务总局
人力资源社会保障部　国家乡村振兴局公告2021年第18号

《财政部　税务总局　人力资源社会保障部　国务院扶贫办关于进一步支持和促进重点群体创业就业有关税收政策的通知》（财税〔2019〕22号）……中规定的税收优惠政策，执行期限延长至2025年12月31日。

划重点　消痛点

本案例中，假定A公司招用就业人员既可以适用财税〔2019〕22号文件规定的税收优惠政策，又可以适用其他扶持就业专项税收优惠政策，则该公司可以选择适用最优惠的政策，但不得重复享受。

知识链接

建档立卡贫困人口、持《就业创业证》或《就业失业登记证》的人员从事个体经营，可以享受税收优惠政策吗？

根据财税〔2019〕22号文件的规定，建档立卡贫困人口、持《就业创业证》（注明"自主创业税收政策"或"毕业年度内自主创业税收政策"）或《就业失业登记证》（注明"自主创业税收政策"）的人员，从事个体经营的，自办理个体工商户登记当月起，在3年（36个月，下同）内按每户每年12000元为限额依次扣减其当年实际应缴纳的增值税、城市维护建设税、教育费附加、地方教育附加和个人所得税。限额标准最高可上浮20%，各省、自治区、直辖市人民政府可根据本地区实际情况在此幅度内确定具体限额标准。

纳税人年度应缴纳税款小于上述扣减限额的，减免税额以其实际缴纳的税款为限；大于上述扣减限额的，以上述扣减限额为限。

上述人员具体包括：

1. 纳入全国扶贫开发信息系统的建档立卡贫困人口；

2. 在人力资源社会保障部门公共就业服务机构登记失业半年以上的人员；

3. 零就业家庭、享受城市居民最低生活保障家庭劳动年龄内的登记失业人员；

4. 毕业年度内高校毕业生。高校毕业生是指实施高等学历教育的普通高等学校、成人高等学校应届毕业的学生；毕业年度是指毕业所在自然年，即1月1日至12月31日。

第二节　扶持自主就业退役士兵创业就业

第 176 集
自主就业退役士兵从事个体经营，可以享受税收优惠政策吗？

扫码看视频

张先生是依照《退役士兵安置条例》（国务院　中央军委令第 608 号）的规定退出现役并按自主就业方式安置的退役士兵。

张先生退役后从事个体经营成立了甲个体工商户，并于 2021 年 7 月 8 日办妥了该个体工商户登记手续。

该个体工商户为增值税纳税人。

提问：林老师，张先生从事个体经营，可以享受税收优惠政策吗？

林老师解答

张先生自办理甲个体工商户登记当月即 2021 年 7 月起，在 3 年内按当地政府规定的限额标准依次扣减其当年实际应缴纳的增值税、城市维护建设税、教育费附加、地方教育附加和个人所得税。

政策依据

财政部　税务总局　退役军人部
关于进一步扶持自主就业退役士兵创业就业有关税收政策的通知
2019 年 2 月 2 日　财税〔2019〕21 号

一、自主就业退役士兵从事个体经营的，自办理个体工商户登记当

295

月起,在3年(36个月,下同)内按每户每年12000元为限额依次扣减其当年实际应缴纳的增值税、城市维护建设税、教育费附加、地方教育附加和个人所得税。限额标准最高可上浮20%,各省、自治区、直辖市人民政府可根据本地区实际情况在此幅度内确定具体限额标准。

……

三、本通知所称自主就业退役士兵是指依照《退役士兵安置条例》(国务院 中央军委令第608号)的规定退出现役并按自主就业方式安置的退役士兵。

……

六、本通知规定的税收政策执行期限为2019年1月1日至2021年12月31日。纳税人在2021年12月31日享受本通知规定税收优惠政策未满3年的,可继续享受至3年期满为止。……

划重点　消痛点

本案例中,甲个体工商户2021年实际经营期不足1年,应当按月换算其减免税限额。换算公式为:减免税限额＝年度减免税限额÷12×实际经营月数。城市维护建设税、教育费附加、地方教育附加的计税依据是该个体工商户享受本项税收优惠政策前的增值税应纳税额。

第十一章　扣减增值税

第 177 集
企业招用自主就业退役士兵，可以享受税收优惠政策吗？

B 公司为增值税小规模纳税人，2021 年 7 月招用自主就业退役士兵 5 人，并于当月与其签订了 2 年期限劳动合同并依法缴纳社会保险费。

提问：林老师，该公司招用自主就业退役士兵，可以享受税收优惠政策吗？

林老师解答

该公司可以自签订劳动合同并缴纳社会保险当月即 2021 年 7 月起，在 3 年内按实际招用人数 5 人定额依次扣减增值税、城市维护建设税、教育费附加、地方教育附加和企业所得税。

政策依据

财政部　税务总局　退役军人部
关于进一步扶持自主就业退役士兵创业就业有关税收政策的通知
2019 年 2 月 2 日　财税〔2019〕21 号

二、企业招用自主就业退役士兵，与其签订 1 年以上期限劳动合同并依法缴纳社会保险费的，自签订劳动合同并缴纳社会保险当月起，在 3 年内按实际招用人数予以定额依次扣减增值税、城市维护建设税、教育费附加、地方教育附加和企业所得税优惠。定额标准为每人每年 6000 元，最高可上浮 50%，各省、自治区、直辖市人民政府可根据本地区实际情况在此幅度内确定具体定额标准。

> 三、本通知所称自主就业退役士兵是指依照《退役士兵安置条例》（国务院 中央军委令第608号）的规定退出现役并按自主就业方式安置的退役士兵。
>
> 本通知所称企业是指属于增值税纳税人或企业所得税纳税人的企业等单位。

划重点 消痛点

本案例中，假定B公司增值税按月纳税，则根据财税〔2019〕21号文件第二条规定，该公司应按招用人数和签订的劳动合同时间核算企业减免税总额，在核算减免税总额内每月依次扣减增值税、城市维护建设税、教育费附加和地方教育附加。城市维护建设税、教育费附加、地方教育附加的计税依据是该公司享受本项税收优惠政策前的增值税应纳税额。

若该公司实际应缴纳的增值税、城市维护建设税、教育费附加和地方教育附加小于核算减免税总额的，以实际应缴纳的增值税、城市维护建设税、教育费附加和地方教育附加为限；若该公司实际应缴纳的增值税、城市维护建设税、教育费附加和地方教育附加大于核算减免税总额的，以核算减免税总额为限。

纳税年度终了，如果该公司实际减免的增值税、城市维护建设税、教育费附加和地方教育附加小于核算减免税总额，该公司在企业所得税汇算清缴时以差额部分扣减企业所得税。当年扣减不完的，不再结转以后年度扣减。

自主就业退役士兵在该公司工作不满1年的，应当按月换算减免税限额。计算公式为：

企业核算减免税总额 = $\sum$ 每名自主就业退役士兵本年度在本单位工作月份 $\div 12 \times$ 具体定额标准

第五篇　其他

第十二章　电子专用发票

第一节　开具电子专用发票的纳税人

第 178 集

一般纳税人采购商品，可以取得新办纳税人开具的电子专用发票吗？

扫码看视频

A 公司和 B 公司均为增值税一般纳税人，A 公司于 2021 年 2 月向 B 公司采购商品，B 公司属于省税务局确定的实行增值税专用发票电子化的新办纳税人。

提问：林老师，A 公司向 B 公司采购商品，可以取得 B 公司开具的增值税电子专用发票吗？

林老师解答

可以。

TAX 政策依据

国家税务总局关于在新办纳税人中实行增值税专用发票电子化有关事项的公告

2020 年 12 月 20 日　国家税务总局公告 2020 年第 22 号

一、自 2020 年 12 月 21 日起，在天津、河北、上海、江苏、浙江、安徽、广东、重庆、四川、宁波和深圳等 11 个地区的新办纳税人中实行专用发票电子化，受票方范围为全国。其中，宁波、石家庄和杭州等 3 个地区已试点纳税人开具增值税电子专用发票（以下简称"电子专票")的受票方范围扩至全国。

自2021年1月21日起,在北京、山西、内蒙古、辽宁、吉林、黑龙江、福建、江西、山东、河南、湖北、湖南、广西、海南、贵州、云南、西藏、陕西、甘肃、青海、宁夏、新疆、大连、厦门和青岛等25个地区的新办纳税人中实行专用发票电子化,受票方范围为全国。

……

六、纳税人开具增值税专用发票时,既可以开具电子专票,也可以开具纸质专票。……

划重点 消痛点

增值税电子专用发票的开票方为实行专用发票电子化的新办纳税人,而受票方是全国范围内的增值税一般纳税人。

实行专用发票电子化的新办纳税人具体范围由国家税务总局各省、自治区、直辖市和计划单列市税务局确定。

第179集
新办纳税人开具增值税专用发票时,可以选择开具纸质专用发票吗?

承第178集案例。

提问:林老师,B公司向A公司开具增值税专用发票时,可以选择开具纸质专用发票吗?

第十二章 电子专用发票

林老师解答

可以。

TAX 政策依据

国家税务总局关于在新办纳税人中
实行增值税专用发票电子化有关事项的公告

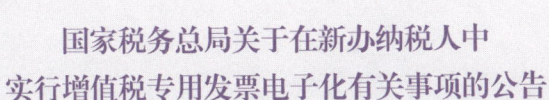

2020年12月20日 国家税务总局公告2020年第22号

六、纳税人开具增值税专用发票时,既可以开具电子专票,也可以开具纸质专票。……

划重点 消痛点

实行专用发票电子化的新办纳税人开具增值税专用发票时,可根据需要自行选择开具电子专用发票或纸质专用发票。

第180集

受票方向新办纳税人索取纸质专用发票时,开票方可以拒绝吗?

扫码看视频

承第178集案例。

提问:林老师,A公司向B公司索取纸质专用发票,B公司可以拒绝吗?

303

> **林老师解答**
>
> 不可以。
>
> **政策依据**
>
> **国家税务总局关于在新办纳税人中**
> **实行增值税专用发票电子化有关事项的公告**
>
> 2020 年 12 月 20 日　国家税务总局公告 2020 年第 22 号
>
> 六、……受票方索取纸质专票的,开票方应当开具纸质专票。

第二节　电子专用发票的法律效力

第 181 集

电子专用发票需要加盖发票专用章吗？

扫码看视频

承第 178 集案例。

提问：林老师，B公司开具给A公司的增值税电子专用发票，需要加盖发票专用章吗？

林老师解答

不需要。

政策依据

国家税务总局关于在新办纳税人中
实行增值税专用发票电子化有关事项的公告

2020 年 12 月 20 日　国家税务总局公告 2020 年第 22 号

二、电子专票由各省税务局监制，采用电子签名代替发票专用章……

划重点　消痛点

增值税电子专用发票进一步简化发票票面样式，将"货物或应税劳务、服务名称"栏次名称简化为"项目名称"，取消了原"销售方：（章）"栏次，使增值税电子专用发票的开具更加简便。

305

第 182 集
增值税电子专用发票的法律效力和纸质专用发票一样吗？

承第 178 集案例。

提问：林老师，B 公司开具给 A 公司的增值税电子专用发票，其法律效力和纸质专用发票一样吗？

林老师解答

一样。

政策依据

国家税务总局关于在新办纳税人中实行增值税专用发票电子化有关事项的公告

2020 年 12 月 20 日　国家税务总局公告 2020 年第 22 号

二、电子专票由各省税务局监制，采用电子签名代替发票专用章，属于增值税专用发票，其法律效力、基本用途、基本使用规定等与增值税纸质专用发票（以下简称"纸质专票"）相同。

划重点　消痛点

根据国家税务总局公告 2020 年第 22 号第九条的规定，单位和个人可以通过全国增值税发票查验平台（https：//inv-veri.chinatax.gov.cn）对电子专用发票信息进行查验；可以通过全国增值税发票查验平台下载增值税电子发票版式文件阅读器，查阅电子专用发票并验证电子签名有效性。

第三节　电子专用发票的开具要求

第 183 集
新办纳税人可以免费领取税务 UKey 吗?

承第 178 集案例。

提问：林老师，B 公司需要开具增值税纸质普通发票、电子普票、纸质专用发票、电子专用发票、纸质机动车销售统一发票和纸质二手车销售统一发票，可以向主管税务机关免费领取税务 UKey 吗？

林老师解答

可以。

政策依据

国家税务总局关于在新办纳税人中实行增值税专用发票电子化有关事项的公告

2020 年 12 月 20 日　国家税务总局公告 2020 年第 22 号

四、自各地专票电子化实行之日起，本地区需要开具增值税纸质普通发票、增值税电子普通发票（以下简称"电子普票"）、纸质专票、电子专票、纸质机动车销售统一发票和纸质二手车销售统一发票的新办纳税人，统一领取税务 UKey 开具发票。税务机关向新办纳税人免费发放税务 UKey……

第 184 集
新办纳税人可以免费开具电子专用发票吗?

承第 178 集案例。

提问:林老师,B 公司可以免费开具电子专用发票吗?

林老师解答

可以。

TAX 政策依据

国家税务总局关于在新办纳税人中
实行增值税专用发票电子化有关事项的公告

2020 年 12 月 20 日　国家税务总局公告 2020 年第 22 号

四、自各地专票电子化实行之日起,……税务机关向新办纳税人免费发放税务 UKey,并依托增值税电子发票公共服务平台,为纳税人提供免费的电子专票开具服务。

划重点　消痛点

根据国家税务总局公告 2020 年第 22 号第八条的规定,受票方取得电子专用发票用于申报抵扣增值税进项税额或申请出口退税、代办退税,应当登录增值税发票综合服务平台确认发票用途,登录地址由各省税务局确定并公布。

第 185 集

新办纳税人领取的税务 UKey，除开具电子专用发票之外，还可以开具其他发票吗？

承第 178 集案例。

提问：林老师，B 公司向主管税务机关领取的税务 UKey，除开具电子专用发票之外，还可以开具增值税纸质普通发票、电子普票、纸质专用发票、纸质机动车销售统一发票和纸质二手车销售统一发票吗？

林老师解答

可以。

第 186 集

新办纳税人开具红字电子专用发票时，购买方已将电子专用发票用于申报抵扣的，购买方需要填写相对应的蓝字电子专用发票信息吗？

承第 178 集案例。

提问：林老师，B 公司于 2021 年 2 月向 A 公司开具电子专用发票，A 公司已于当月申报抵扣。2021 年 3 月发生销货退回，B 公司需要开具红字电子专用发票，由 A 公司在增值税发票管理系统中填开并上传《开具红字增值税专用发票信息表》（以下简称《信息表》）；A 公司填开《信息表》时，需要填写相对应的蓝字电子专用发票信息吗？

309

林老师解答

不需要。

TAX 政策依据

国家税务总局关于在新办纳税人中实行增值税专用发票电子化有关事项的公告

2020年12月20日　国家税务总局公告2020年第22号

七、纳税人开具电子专票后,发生销货退回、开票有误、应税服务中止、销售折让等情形,需要开具红字电子专票的,按照以下规定执行:

(一)购买方已将电子专票用于申报抵扣的,由购买方在增值税发票管理系统(以下简称"发票管理系统")中填开并上传《开具红字增值税专用发票信息表》(以下简称《信息表》),填开《信息表》时不填写相对应的蓝字电子专票信息。

第187集 新办纳税人开具红字电子专用发票时,购买方未将电子专用发票用于申报抵扣的,销售方需要填写相对应的蓝字电子专用发票信息吗?

承第178集案例。

提问：林老师,B公司2021年2月向A公司开具电子专用发票,A公司尚未申报抵扣。2021年3月发生销货退回,B公司需要开具红字电子专用发票,由B公司在增值税发票管理系统中填开并上传《开具红字增值税专用发票信息表》(以下简称《信息表》);B公司填开《信息表》时,需要填写相对应的蓝字电子专用发票信息吗?

第十二章 电子专用发票

林老师解答

需要。

TAX 政策依据

国家税务总局关于在新办纳税人中
实行增值税专用发票电子化有关事项的公告

2020年12月20日 国家税务总局公告2020年第22号

七、纳税人开具电子专票后,发生销货退回、开票有误、应税服务中止、销售折让等情形,需要开具红字电子专票的,按照以下规定执行:

(一)……

购买方未将电子专票用于申报抵扣的,由销售方在发票管理系统中填开并上传《信息表》,填开《信息表》时应填写相对应的蓝字电子专票信息。

划重点 消痛点

国家税务总局公告2020年第22号第七条同时还规定:

1. 税务机关通过网络接收纳税人上传的《信息表》,系统自动校验通过后,生成带有"红字发票信息表编号"的《信息表》,并将信息同步至纳税人端系统中。

2. 销售方凭税务机关系统校验通过的《信息表》开具红字电子专用发票,在发票管理系统中以销项负数开具。红字电子专用发票应与《信息表》一一对应。

3. 购买方已将电子专用发票用于申报抵扣的,应当暂依《信息表》所列增值税税额从当期进项税额中转出,待取得销售方开具的红字电子专用发票后,与《信息表》一并作为记账凭证。

第四节　电子专用发票的归档

第 188 集

企业将取得的电子专用发票的纸质打印件报销入账归档，需要同时保存打印该纸质件的电子专用发票吗？

承第 178 集案例。

提问：林老师，2021 年 2 月 A 公司将取得的 B 公司开具的电子专用发票的纸质打印件报销入账归档，需要同时保存打印该纸质件的电子专用发票吗？

林老师解答

需要。

政策依据

国家税务总局关于在新办纳税人中实行增值税专用发票电子化有关事项的公告

2020 年 12 月 20 日　国家税务总局公告 2020 年第 22 号

十、纳税人以电子发票（含电子专票和电子普票）报销入账归档的，按照《财政部　国家档案局关于规范电子会计凭证报销入账归档的通知》（财会〔2020〕6 号）的规定执行。

第十二章 电子专用发票

> **财政部 国家档案局**
> **关于规范电子会计凭证报销入账归档的通知**
>
> 2020年3月23日 财会〔2020〕6号
>
> 一、本通知所称电子会计凭证,是指单位从外部接收的电子形式的各类会计凭证,包括电子发票、财政电子票据、电子客票、电子行程单、电子海关专用缴款书、银行电子回单等电子会计凭证。
>
> ……
>
> 四、单位以电子会计凭证的纸质打印件作为报销入账归档依据的,必须同时保存打印该纸质件的电子会计凭证。

第 189 集 企业将取得的电子专用发票报销入账归档,需要再以纸质形式保存该电子专用发票吗?

承第 178 集案例。

提问:林老师,2021年2月A公司将取得的B公司开具的电子专用发票报销入账归档,需要再以纸质形式保存该电子专用发票吗?

林老师解答

不需要。

> **TAX 政策依据**
>
> **财政部　国家档案局**
> **关于规范电子会计凭证报销入账归档的通知**
>
> 2020 年 3 月 23 日　财会〔2020〕6 号
>
> 五、符合档案管理要求的电子会计档案与纸质档案具有同等法律效力。除法律、行政法规另有规定外，电子会计档案可不再另以纸质形式保存。

划重点　消痛点

根据财会〔2020〕6 号第三条的规定，除法律和行政法规另有规定外，同时满足下列条件的，单位可以仅使用电子会计凭证进行报销入账归档：

1. 接收的电子会计凭证经查验合法、真实；

2. 电子会计凭证的传输、存储安全、可靠，对电子会计凭证的任何篡改能够及时被发现；

3. 使用的会计核算系统能够准确、完整、有效接收和读取电子会计凭证及其元数据，能够按照国家统一的会计制度完成会计核算业务，能够按照国家档案行政管理部门规定格式输出电子会计凭证及其元数据，设定了经办、审核、审批等必要的审签程序，且能有效防止电子会计凭证重复入账；

4. 电子会计凭证的归档及管理符合《会计档案管理办法》（财政部　国家档案局令第 79 号）等要求。